Le plan de rééducation individualisé (PRI)

Une approche prometteuse pour prévenir le redoublement

Jacinthe Leblanc, Ph.D.

Préface de Louise Langevin

Chenelière/McGraw-Hill
MONTRÉAL • TORONTO

Le plan de rééducation individualisé (PRI)
Une approche prometteuse pour prévenir le redoublement

Jacinthe Leblanc

© 2000 Les Éditions de la Chenelière inc.

Coordination : Josée Beauchamp
Révision linguistique : Sylvain Archambault
Correction d'épreuves : Ghislaine Archambault
Couverture : Michel Bérard
Maquette intérieure : Josée Bégin
Infographie : Les Communications Abel Typo inc.
Illustrations : Yves Boudreau

Données de catalogage avant publication (Canada)

Leblanc, Jacinthe, 1947-

Le plan de rééducation individualisé (PRI), une approche prometteuse pour prévenir le redoublement

Présenté à l'origine comme thèse (de doctorat de l'auteur – Université de Montréal), 1992 sous le titre : Développement d'un plan d'action préventif du redoublement chez les élèves d'école primaire ayant des difficultés d'apprentissage scolaire.
Comprend des réf. bibliogr.

ISBN 2-89461-417-9

1. Redoublement de classes – Prévention. 2. Enseignement correctif. 3. Enfants en difficulté d'apprentissage – Éducation. 4. Services personnels aux élèves du primaire. 5. Adaptation scolaire. 6. Redoublement de classes – Cas, Étude de. I. Titre. II. Titre : Développement d'un plan d'action préventif du redoublement chez les élèves d'école primaire ayant des difficultés d'apprentissage scolaire.

LB3063.L42 2000	372.12'85	C00-940340-X

Chenelière/McGraw-Hill
7001, boul. Saint-Laurent
Montréal (Québec)
Canada H2S 3E3
Téléphone : (514) 273-1066
Télécopieur : (514) 276-0324
chene@dlcmcgrawhill.ca

ISBN 2-89461-417-9

Dépôt légal : 1er trimestre 2000
Bibliothèque nationale du Québec
Bibliothèque nationale du Canada

2   3   4   5   A   04   03   02   01   00

Nous reconnaissons l'aide financière du gouvernement du Canada par l'entremise du Programme d'aide au développement de l'industrie de l'édition (PADIÉ) pour nos activités d'édition.

DANGER
LE PHOTOCOPILLAGE
TUE LE LIVRE

Quand l'image qu'il a de lui-même commence à s'améliorer, on constate que l'enfant fait des progrès importants dans toutes les sphères d'apprentissage, mais, ce qui est encore plus significatif, on se trouve en présence d'un enfant qui aime la vie de plus en plus.

Wayne Dyer

Je dédie ce livre à ma mère, Jeanne, et à Philippe, Joël et Nagui, mes compagnons de route.

PRÉFACE

Cet ouvrage traite du redoublement. Il s'agit donc d'un livre important puisque le redoublement est un problème sérieux dans nos milieux scolaires et, plus largement, dans notre société. Le monde futur sera conditionné par celui d'aujourd'hui et il sera constitué de nos enfants, qui en seront alors devenus les acteurs principaux. Comment être sûr de vraiment bien les préparer pour ce monde dont on ne peut connaître toutes les caractéristiques mais dont on soupçonne qu'il exigera des compétences encore plus diversifiées et raffinées que celles exigées aujourd'hui? L'école joue évidemment un grand rôle dans cette préparation, et les intervenants scolaires en sont tellement conscients que plusieurs n'hésitent pas à faire redoubler des élèves «afin qu'ils résolvent leurs difficultés et *performent* mieux par la suite». On cherche ainsi à préparer ces élèves à connaître un avenir prometteur. L'intention est éminemment louable, mais, hélas, la décision de faire redoubler un enfant est toujours prise en rejetant du revers de la main tout ce qui déprécie cette mesure que plusieurs enseignants et directeurs considèrent comme un service à rendre à l'enfant en difficulté.

Heureusement, de plus en plus de personnes dans le milieu de l'éducation savent ce qu'un redoublement risque trop souvent d'entraîner : hausse passagère du rendement scolaire et rechute durant l'année suivante; démotivation et diminution de la confiance en soi de l'élève; perte sociale causée par le changement de groupe-classe; effet Pygmalion entre l'enseignante et l'élève; abandon scolaire au secondaire (85 % des décrocheurs au Québec sont des redoublants). Ces «effets secondaires» du redoublement sont actuellement largement documentés grâce à un vaste corpus de recherches ponctuelles et longitudinales, d'origine européenne, canadienne et américaine, et toutes, ou presque, le confirment : le redoublement ne rapporte pas à celui qui devrait en être le principal bénéficiaire. Des essais sont tentés dans plusieurs milieux pour remplacer le redoublement par différents suivis pédagogiques. Sur le plan administratif, le ministère de l'Éducation du Québec veut promouvoir les cycles plutôt que les classes pour ainsi offrir aux élèves plus lents l'opportunité d'atteindre les objectifs visés à chaque cycle. Dans les écoles, enseignants, orthopédagogues et directeurs se questionnent sur les voies possibles à emprunter pour aider ces élèves. S'ils sont convaincus qu'utiliser davantage la mesure du redoublement n'est d'aucun secours, puisque sa première utilisation n'a pas été efficace, ils ne savent pas exactement comment envisager une mesure de remplacement et cherchent des réponses. Or, ce livre de Jacinthe Leblanc offre justement des réponses. Certes, l'auteure ne prétend pas à l'infaillibilité, mais elle relate en détail les résultats de ses recherches, de ses réflexions, de ses démarches et de ses réalisations en tant qu'orthopédagogue et conseillère pédagogique.

Ce livre témoigne de façon éloquente des liens féconds qu'il est possible de tisser entre recherche et pratique. On y trouve des constats issus de la recherche et des outils tirés de la pratique. En ce sens, il stimule le lecteur à réfléchir, à considérer des données réelles, à puiser dans des documents riches et variés autant qu'utiles, et à tenter des interventions cohérentes et intégrées les unes dans les autres.

Par la perspective adoptée tout au long de la démarche, l'auteure réussit à transmettre son respect des enfants et l'empathie qu'elle éprouve pour les redoublants. Elle ne voit pas ces derniers comme des *petits* qui vivent de *petites* peines, mais comme des personnes à part entière qui souffrent de leurs difficultés et qu'il faut soutenir dans l'actualisation de leur potentiel à travers la reconnaissance (par les adultes) et l'affirmation (par les enfants) de leur autonomie. En cela, elle démontre un humanisme essentiel dans la profession d'éducatrice. Ce livre parle donc d'intervention mais, surtout, il parle d'émotion, d'autonomie, de respect, et, en cela, il ne peut que toucher le lecteur.

Depuis plusieurs décennies, on a beaucoup discuté de l'importance de l'expression de l'enfant, de son épanouissement, de son estime personnelle, de sa motivation, mais plus rarement a-t-on traduit en une démarche concrète les attitudes et les comportements que les éducateurs pourraient adopter avec les élèves en difficulté. Voici qu'une proposition complète, documentée, congruente aux objectifs visés, adaptée au contexte québécois et déjà mise à l'épreuve, est lancée par une éducatrice d'expérience. Pourquoi ne pas en faire l'essai ? Pourquoi ne pas s'en servir pour se l'approprier, pour la pousser plus loin encore, puisqu'il s'agit du présent et de l'avenir de plusieurs de nos enfants ?

Louise Langevin
Professeure à l'Université du Québec à Montréal

TABLE DES MATIÈRES

INTRODUCTION

Je m'intéresse aux problèmes des élèves qui éprouvent des difficultés scolaires depuis 1970. J'ai enseigné dans plusieurs classes et à des enfants regroupés selon différents types de difficultés : élèves en maturation, élèves éprouvant de graves difficultés d'apprentissage, élèves connaissant des troubles du comportement et élèves ayant des déficiences intellectuelles. Durant cinq ans, j'ai travaillé en orthopédagogie selon le modèle du *dénombrement flottant*, bien connu dans les milieux scolaires. Depuis 1981, et jusqu'à ce jour, j'interviens à titre de conseillère pédagogique en adaptation scolaire.

À l'instar de plusieurs de mes collègues de travail, je me suis énormément questionnée, tout au long de ma carrière, sur les difficultés scolaires de mes élèves, sur mes approches pédagogiques, sur mes interventions, etc. Les événements quotidiens, les décisions prises en me référant principalement au rendement scolaire de l'enfant, les messages informels accumulés au fil des ans, les ateliers et les activités de formation auxquels j'ai participé, mes nombreuses lectures constituent autant d'éléments qui ont alimenté ma réflexion et ma pratique et qui continuent à les alimenter.

Cependant, dans le tourbillon des actions quotidiennes, tous ces éléments, même s'ils guidaient ma pratique, ne me permettaient d'analyser que partiellement les messages transmis par les enfants aux prises avec le redoublement. Je disposais de peu de réponses à mes nombreuses questions. Comment juger de la pertinence de nos décisions? Quels effets à long terme ces décisions pouvaient-elles avoir sur le cheminement scolaire des élèves? Pouvions-nous prévenir le redoublement ou assurer à l'enfant qui reprend une année scolaire une plus grande réussite, non seulement à court terme, mais aussi à long terme?

Intuitivement, je pressentais que la mesure du redoublement ne profitait pas à la majorité des élèves. Cependant, mes intuitions ne pouvaient être prises au sérieux dans un contexte d'échanges où la dimension rationnelle et l'argumentation occupent une grande place. Mes discussions avec des enseignants, des parents, d'autres professionnels et des enfants ont suscité chez moi un intérêt encore plus grand pour toutes ces questions.

J'ai alors participé au travail d'un comité ayant pour mandat d'élaborer une politique d'aide pour les élèves qui éprouvent des difficultés scolaires. Ce comité, formé principalement d'administrateurs, a donc formulé l'ensemble des articles de cette politique concernant l'aide à donner aux élèves. Parmi ces articles figurait celui concernant le non-redoublement. Pour le formuler, le comité de travail s'est inspiré de l'orientation donnée par le ministère de l'Éducation dans le régime pédagogique, orientation voulant que le premier cycle du primaire, prévu pour les enfants de six à huit ans, soit considéré comme un cycle d'éveil et d'initiation aux apprentissages et le deuxième cycle du primaire, comme un cycle de consolidation. En effet, pourquoi faire reprendre une première année à un enfant qui ne maîtrise pas les objectifs en lecture puisqu'il dispose de trois ans pour apprendre à lire? La même réflexion s'applique au nouveau régime pédagogique, où le premier cycle est échelonné sur deux ans.

Le début de l'application de cette politique de non-redoublement, à partir de l'année scolaire 1983-1984, politique fort contestée à ce moment-là, à la commission scolaire où je travaillais comme conseillère pédagogique en adaptation scolaire, m'a incitée à poursuivre mes réflexions de façon plus sérieuse. Plusieurs enseignantes doutaient de la pertinence de la décision du comité de travail relative à la politique du non-redoublement et me posaient des questions. Mais les réponses ne venaient pas spontanément...

J'ai alors décidé d'entreprendre des études doctorales dans le but de trouver des réponses à mes nombreuses questions et d'apporter une aide adéquate aux différents intervenants en milieu scolaire aux prises avec la décision de faire redoubler un élève présentant des difficultés d'apprentissage. Parmi ces questions, la première était bien sûr de savoir *s'il est pertinent ou non de faire redoubler un élève*. La consultation de quelques résultats provenant de recherches effectuées en ce domaine m'a permis de trouver des réponses à cette première question. J'ai donc orienté la majeure partie de ma recherche vers des aspects pratiques.

De 1984 à 1990, tout en demeurant conseillère pédagogique en adaptation scolaire à plein temps, j'ai consacré la presque totalité de mes temps libres à lire, à réfléchir et à mener une recherche-action en collaboration avec différents intervenants du milieu scolaire et du milieu familial. Dans le cadre de mes études doctorales, j'ai donc eu la chance d'analyser les différentes questions relatives au redoublement et d'explorer de nombreuses actions préventives.

En 1991, j'ai obtenu le grade de docteur en éducation, et je continue toujours à m'intéresser très activement à la problématique du redoublement et à intervenir dans différents milieux scolaires pour alimenter les réflexions et contribuer à développer des orientations de travail susceptibles de mieux servir les élèves qui éprouvent des difficultés dans leurs apprentissages. En collaboration avec des équipes professionnelles, j'ai planifié des scénarios permettant d'élaborer une démarche menant à des actions concrètes afin de prévenir le redoublement ou de favoriser la réussite du redoublant. J'ai aussi participé à la préparation de matériel didactique visant la prévention du redoublement chez les élèves de première et de deuxième année des classes du primaire.

Dans le but de partager avec le plus grand nombre possible d'intervenants les données de ma réflexion et les éléments pratiques de ma recherche, je me suis donc astreinte à l'exercice de synthèse que constitue la rédaction de ce livre. J'ai voulu lui donner une allure très pratique et l'illustrer de faits concrets, tout en proposant différents outils de travail.

Dans le *premier chapitre*, je me permets d'analyser une situation courante de redoublement à l'aide d'un fait réel. Vous reconnaîtrez en Pierre-Luc plusieurs enfants dont les difficultés scolaires vous entraînent vers une décision de redoublement. Est-ce que, pour certains élèves, cette décision prend l'allure d'un verdict? Je consacre une partie importante de ce chapitre aux causes de la reprise d'une année, aux démarches entourant la prise de décision, aux caractéristiques et aux réactions des élèves.

Dans le *deuxième chapitre*, je suggère quelques stratégies gagnantes. L'analyse d'actions réussies, plusieurs interventions et une étude rétrospective, faite en collaboration avec des enseignants, de ces interventions m'ont permis de formuler quelques stratégies gagnantes permettant de prévenir le redoublement ou d'assurer aux redoublants une réussite à long terme.

Je ne pouvais pas suggérer des stratégies gagnantes sans présenter des moyens concrets menant à des actions efficaces. Ce serait un peu comme dresser un menu parfait, bien équilibré, sans pouvoir en savourer les délices et profiter de ses bienfaits. Le *troisième chapitre* représente donc pour moi le plat principal de ma réflexion et de mon engagement. Je vous fais part, dans ce chapitre, de divers moyens préventifs et j'accorde au plan d'intervention adapté, ou plan de rééducation individualisé (PRI), une importance majeure.

À la suite de l'application du PRI et d'expériences vécues dans plusieurs milieux scolaires, j'ai pris conscience de diverses conditions favorisant la réussite des interventions visant à prévenir le redoublement et de celles permettant au redoublant de bénéficier le plus possible de cette mesure. Par ailleurs, j'ai bénéficié de la collaboration d'une équipe formée de multiples intervenants du milieu scolaire pour élaborer un scénario de formation continue pouvant guider les réflexions et les applications pratiques. Dans le *quatrième chapitre*, je traite de ces conditions et des éléments de ce scénario.

J'ai ajouté un *cinquième chapitre* afin d'illustrer une démarche d'application du PRI. Ce plan représente un moyen efficace de prévenir le redoublement ; il constitue aussi une nouvelle approche où l'orthopédagogue joue un rôle majeur et où l'enfant agit comme principal artisan de sa rééducation.

Les lecteurs désirant pousser plus loin leurs réflexions et approfondir leurs connaissances trouveront dans l'*appendice 1* un résumé des résultats des recherches sur les effets du redoublement. Il faut savoir que, parmi les préoccupations entourant la décision du redoublement, celles portant sur les effets de cette décision interpellent particulièrement les intervenants, qui se questionnent toujours beaucoup sur ces effets. Dans le but d'éclairer ce questionnement, je présente, dans cet appendice, les résultats des recherches, faites sur le terrain, portant sur les effets du redoublement sur l'estime de soi, sur la motivation et sur le rendement scolaire des redoublants.

Comme mon intérêt premier au moment où j'ai analysé diverses recherches portait davantage sur le *quoi faire*, relativement à la problématique du redoublement, j'ai donc tenté de relever dans les différentes expériences vécues par les intervenants de plusieurs milieux scolaires, et dans celles rapportées dans les recherches consultées, les actions qui semblaient les plus profitables à l'enfant. L'*appendice 2* porte entièrement sur les résultats de ces expériences et de ces actions.

Dans ce livre, je partage bien humblement avec vous quelques éléments de ma recherche et de mon engagement professionnel. Votre expérience et votre intérêt pour la cause des enfants en difficulté d'apprentissage vous conduiront sans doute vers des avenues complémentaires, vers une critique constructive des propositions de travail formulées dans ce livre ou vers des solutions très créatrices qui profiteront à nos enfants. J'apprécierais recevoir vos commentaires, vos interrogations, des résultats de vos expérimentations ou toute autre donnée permettant de poursuivre la réflexion et la recherche en ce domaine (voir mon adresse électronique à la page 88).

Bonne lecture!

Remerciements

La rédaction de ce livre représente un long processus pendant lequel j'ai bénéficié de l'aide de nombreux partenaires, que j'aimerais maintenant remercier.

Je remercie particulièrement mes fils, Philippe et Joël, et mon conjoint, Nagui, pour leur soutien constant, leur intérêt et leur encouragement. Que de fois ils m'ont posé cette question : « Où en es-tu dans ton livre ? » Enfin, le voilà terminé, grâce à votre ténacité, et à la mienne, bien sûr!

Je remercie aussi deux collègues des premières heures avec qui j'ai établi un devis expérimental de plan d'intervention, Pierre Pérusse, professeur à l'Université de Montréal, et Mario Blanchet, orthopédagogue. Depuis 1987, plusieurs enseignants, parents, enfants, directeurs d'école et professionnels ont collaboré à l'élaboration et à la réalisation de l'approche basée sur le PRI. Je suis profondément reconnaissante à ces nombreux collaborateurs. Quelques-uns ont cependant marqué davantage mon parcours et ont joué un rôle d'éclaireur. Je pense particulièrement à Patrick ; je le remercie très particulièrement car il symbolise pour moi l'étincelle qui sait ranimer la flamme.

Je tiens aussi à exprimer ma gratitude à Louise Langevin, professeure à l'Université du Québec à Montréal, et à Monique Lepailleur, consultante en éducation. Elles ont su m'encourager et me soutenir dans ma démarche, et me permettre d'aller au-delà des objectifs que je m'étais fixés.

Merci aussi à Pauline Rocheleau, orthopédagogue engagée qui a cru en moi. Son engagement très actif a favorisé le développement de l'approche basée sur le PRI. Elle a accepté de modifier sa pratique, de vivre dans son école un paradigme nouveau en orthopédagogie et d'aller au-delà de ce que le PRI proposait comme aide aux élèves éprouvant des difficultés d'apprentissage.

Grâce à la collaboration de Jacinthe Pelletier, enseignante dans une classe d'élèves de cinquième et de sixième année, j'ai pu expérimenter systématiquement la démarche complète du PRI avec huit élèves présentant des retards importants dans leurs apprentissages. Merci, Jacinthe, pour ta grande générosité et ton engagement. L'aide de Ginette Drouin, orthopédagogue, m'a permis de compléter l'analyse des résultats des élèves de la classe de Jacinthe. Merci à toi, Ginette, pour avoir consacré bénévolement à cette démarche plusieurs heures de ton temps.

Merci aussi à vous tous, collaborateurs et collaboratrices des différents milieux où nous avons pu mettre en commun nos talents au profit de la réussite scolaire du plus grand nombre possible d'élèves.

Jacinthe Leblanc

CHAPITRE 1

LE REDOUBLEMENT :
LE CAS DE PIERRE-LUC

La décision du redoublement

Pierre-Luc, sept ans, revient de l'école et dépose son sac dans un coin de la cuisine. Il s'enferme dans sa chambre et s'amuse avec ses jeux électroniques. Il ne veut voir personne. Sa mère l'invite à prendre une collation et son ami Charles lui propose de jouer au ballon. Mais rien ne l'intéresse.

Aujourd'hui, son enseignante lui a parlé de ses résultats scolaires et elle a rencontré sa mère. Elle lui a annoncé qu'il devait reprendre son année. Bien sûr, les adultes lui ont tous dit que c'était pour son bien ; que l'année prochaine, il allait être le plus fort de sa classe et qu'après, tout irait bien. Mais il se sent triste et aimerait mieux aller en classe de deuxième année avec ses amis. Il a peur qu'on se moque de lui.

La mère de Pierre-Luc sait que son fils n'accepte pas cette décision. Elle se sent un peu coupable. Elle se demande si elle n'aurait pas dû l'aider davantage, car son conjoint porte peu d'attention aux résultats scolaires de son fils. Face à l'enseignante, elle se sentait bien impuissante quant à la décision de l'école, elle a donc accepté de signer le formulaire d'étude de cas. Mais, ce soir, à la vue de l'état de son fils, elle regrette d'avoir accepté qu'il redouble son année.

Pierre-Luc et sa mère ne sont pas les seuls à vivre une telle situation. Quand vient la fin de l'année scolaire, les discussions entourant la décision d'accorder une promotion à certains élèves ou de leur faire reprendre leur année ne se font pas « sans heurts et sans grincements de dents ». Quelle décision profitera le plus aux élèves ?

Vous avez sans doute déjà été témoin d'une situation semblable à celle de Pierre-Luc et de sa mère. Dans certains cas, non seulement avez-vous été témoin, mais vous avez même joué un rôle très actif. Vous vous êtes sûrement interrogée sur les avantages que l'enfant pouvait retirer d'une telle décision : ces avantages profitent-ils principalement à l'enfant ou plutôt aux enseignantes ?

> La décision du redoublement affecte non seulement l'estime de soi de l'enfant, mais également celle des parents. Craintes, impuissance, tristesse, culpabilité sont autant de sentiments que l'élève et ses parents peuvent éprouver à divers degrés.

La réponse à cette question se résume souvent à une formulation qui ressemble à « ça dépend de... ». Entre les années 1970 et 1980, la tendance dans les écoles du Québec a été de faire redoubler de moins en moins d'élèves. Ce qui faisait dire à certains que les élèves n'avaient plus à se forcer, qu'ils étaient automatiquement promus. Depuis le début des années 80, la question se pose de façon plus cruciale, car les orientations de base du projet éducatif sont fondées sur une éducation de qualité. Pas de promotion à rabais.

Dans le cas de Pierre-Luc et de bien d'autres enfants, il faut se questionner sur les causes qui conduisent à la décision du redoublement, sur les démarches qui précèdent cette décision, sur les caractéristiques des enfants touchés et sur leurs réactions au regard de la décision.

Les causes du redoublement

Dans le cas de Pierre-Luc, la principale cause évoquée est son retard scolaire. Le rendement minimal attendu en lecture avant d'aller en deuxième année n'est même pas atteint. À l'instar de quelques auteurs de recherches (Bloom, 1984 ; George, 1993 ; Henderson et autres, 1971 ; Sheapard et Smith, 1989 ; Towner, 1988), plusieurs enseignantes considèrent la lecture comme la porte d'entrée de toutes les autres matières. Les difficultés en lecture chez Pierre-Luc exercent donc une influence prépondérante sur la décision.

De plus, Pierre-Luc éprouve des difficultés importantes à s'organiser : il parvient difficilement à disposer le matériel nécessaire à l'exécution d'une tâche, à ouvrir son livre ou son cahier à la bonne page, à se situer dans un espace donné, à aligner des nombres en colonnes, à replacer le matériel dont il n'a plus besoin dans son pupitre, etc. Son enseignante attribue ses difficultés d'organisation à un manque de maturité ou de motivation.

Nicole Robitaille-Gagnon et Raymond Julien (1994) ont déterminé, à l'aide d'intervenants provenant de 40 écoles québécoises différentes, les critères sur lesquels est basée la décision du redoublement. Les principales causes évoquées, tout comme dans le cas de Pierre-Luc, sont les résultats en français et en mathématiques (82 %), les préalables à l'exécution d'une tâche (68 %), les résultats en général (66 %) et la maturité (66 %). Ces mêmes auteurs relèvent aussi d'autres causes qui influencent la décision : la taille (50 %), l'absentéisme (47 %), les capacités de l'enfant (47 %), l'âge (45 %), le comportement (45 %) et l'effort fourni par l'enfant (42 %).

> En plus des raisons invoquées pour justifier un redoublement, il faut tenir compte des démarches préalables entreprises auprès de l'élève : qu'a-t-on déjà fait pour lui venir en aide ?

Lors d'une étude de cas ayant pour but de décider du classement d'un enfant pour sa prochaine année scolaire, les causes ne doivent pas constituer l'unique point de référence pour orienter la décision. Il faut, de plus, accorder une attention particulière aux démarches préalables menées auprès de l'élève avant de prendre une décision. Durant l'année scolaire, quelles actions ont été entreprises pour aider Pierre-Luc et tous ces élèves pour qui la possibilité du redoublement est envisagée ?

Les démarches préalables à la prise de décision

Déjà au préscolaire, on avait déterminé que Pierre-Luc présentait des difficultés. Le service de psychologie scolaire avait procédé à son évaluation et la psychologue avait posé un diagnostic de déficit de l'attention avec quelques indices neurologiques laissant supposer des problèmes d'organisation spatiale et temporelle. Cependant, Pierre-Luc possède une mémoire étonnante pour tout ce qui l'intéresse. Il connaît tous les joueurs de hockey de la Ligue nationale et sait même les numéros que ces derniers portent sur leur chandail.

Il n'a pas bénéficié de services particuliers durant son année au préscolaire et, à son arrivée en première année, il n'a pas été signalé aux services d'orthopédagogie avant le mois de novembre. Quand l'enseignante a demandé l'aide de l'orthopédagogue pour Pierre-Luc, cette dernière s'est d'abord rendue en classe pour l'observer puis elle a communiqué avec les parents. Ces derniers avaient déjà reçu une lettre leur demandant l'autorisation d'inscrire leur fils aux services d'orthopédagogie.

Durant le reste de l'année scolaire, Pierre-Luc a donc bénéficié d'un service d'aide en orthopédagogie. Lui et trois autres enfants se rendaient deux fois par semaine au local de l'orthopédagogue pour une période de 30 minutes chaque fois. Cette aide ne lui a cependant pas permis de combler ses retards et de remédier à ses difficultés.

À la rencontre de l'équipe pour décider de la promotion ou de la non-promotion de Pierre-Luc, chaque intervenant affirme avoir fait tout son possible. Le constat est qu'il faut maintenant placer Pierre-Luc devant ses responsabilités et l'aider à accepter la décision du redoublement. Aucune autre mesure n'est envisagée avant la rentrée scolaire, en septembre.

Les démarches préalables à la décision de faire redoubler Pierre-Luc risquent fort de se ressembler d'un milieu à l'autre. Toujours selon Nicole Robitaille-Gagnon et Raymond Julien (1994), parmi les démarches préalables à la prise de décision ou à l'application de solutions de rechange, les intervenants consultés dans les 40 écoles ayant participé à la recherche ont mentionné en premier lieu l'aide supplémentaire (89 %) ; le plan d'intervention vient ensuite (68 %). Le passage conditionnel (45 %), l'approche pédagogique (37 %), des cours durant l'été (34 %), des cours après la classe (34 %), un allégement des exigences (29 %), une classe multiprogrammes (26 %) et la classe spécialisée (24 %) sont des mesures qui ont été aussi mentionnées.

Les caractéristiques du redoublant

Est-ce que la majorité des redoublants possèdent un *profil semblable*? À la suite d'observations et de nombreux échanges, il est possible de relever des caractéristiques qui se ressemblent d'un redoublant à l'autre.

Pierre-Luc n'est pas tellement *motivé* à l'école ; les apprentissages scolaires l'ennuient. Il n'écoute pas les consignes, aussi éprouve-t-il souvent des difficultés à exécuter les tâches proposées. Il observe son voisin pour se situer un peu plus par rapport à la tâche. Il veut jouer et son enseignante déplore qu'il soit si peu *mature*. Elle se demande parfois pourquoi il n'a pas repris sa classe maternelle. Un bout de papier, un morceau de gomme à effacer, sa règle et l'ensemble du matériel se transforment entre ses mains en jouets plutôt qu'en outils d'apprentissage, comme le souhaiterait son enseignante.

Ses *attitudes* en classe et avec les autres adultes ou avec ses pairs laissent croire qu'il n'est pas intéressé par ce qui l'entoure et il ne manifeste aucun enthousiasme devant les apprentissages. Ses difficultés scolaires l'ont amené progressivement à se percevoir comme moins « bon » que les autres et, par conséquent, il prend ses distances par rapport au vécu de la classe. Il devient peu à peu un *décrocheur potentiel*.

En ce qui a trait aux attitudes de Pierre-Luc et à celles de bien d'autres enfants qui éprouvent des difficultés semblables, voici ce qu'évoque une publication du ministère de l'Éducation (1992, p. 19) sur l'importance des attitudes de l'enfant dès le début de sa scolarisation :

La réussite, l'échec ou l'abandon au secondaire se prépare à l'éducation préscolaire et au primaire. C'est l'aboutissement d'un processus qui a commencé souvent dès le début des études : échecs, démotivation, redoublement.

En effet, dès la maternelle, l'enfant qui n'arrive pas à suivre se désintéresse très vite de toute forme d'apprentissage. Il s'agit d'un comportement qui ira en s'accentuant au primaire où, devant des échecs répétés et parfois même devant l'obligation d'avoir à redoubler une classe, l'enfant se sentira dévalorisé et démotivé. Inévitablement, le découragement s'ensuit. La porte de l'abandon scolaire vient de s'entrouvrir.

Nous retrouvons chez Pierre-Luc la majorité des caractéristiques du redoublant.

Selon les indicateurs officiels du MEQ (1996b), l'incidence du redoublement est une fois et demie plus élevée chez les garçons que chez les filles. La classe de première année, tant au primaire qu'au secondaire, est celle qui est la plus souvent reprise.

L'incidence du redoublement est une fois et demie plus élevée chez les garçons que chez les filles.

D'autres caractéristiques pourraient être ajoutées, mais celles présentées ci-dessus sont celles qui sont le plus souvent relevées dans le milieu. Un élément de réflexion semble cependant un peu négligé dans la prise de décision concernant Pierre-Luc. Cet élément est lié à la question suivante : quelles seront les réactions de Pierre-Luc et des autres élèves de sa classe ?

Les réactions du redoublant et de ses compagnons de classe[1]

Comme nous l'avons vu au début de ce chapitre, Pierre-Luc manifeste des réactions de retrait et de désintéressement. Il ne veut pas voir ses amis, ou qui que ce soit d'autre. Il s'isole. En 1997, une recherchiste du réseau de télévision RDI a réalisé une entrevue avec cinq jeunes de 10, 11 et 12 ans. Ces élèves provenaient de l'école Jean-de-Lalande, à Longueuil. La recherchiste leur a demandé quelles ont été leurs réactions au moment où ils ont appris qu'ils redoublaient. Ces enfants ont spontanément fait part des sentiments suscités par leur échec : ils se percevaient comme « pas bons », ils éprouvaient des sentiments de tristesse et certains mentionnaient même, devant la caméra, qu'ils avaient pleuré. Cette entrevue a été présentée à l'émission *Option-Éducation*, animée par Françoise Guénette.

---

1. Les réactions des élèves qui reprennent une année et celles transmises par le milieu ne sont pas sans produire des effets. À ce sujet, l'appendice 1 présente les effets de la décision du redoublement sur l'estime de soi, sur la motivation et sur le rendement scolaire. L'appendice 2 présente une synthèse des expériences portant sur le redoublement qui ont été réalisées dans différents milieux. Ces deux appendices ont été préparés dans le but de répondre aux besoins des lecteurs particulièrement intéressés par les résultats des recherches portant sur le redoublement.

Comment les pairs perçoivent-ils leurs compagnons qui répètent leur année ? Cette question a été posée à 72 élèves du premier cycle du primaire (Leblanc, 1989). Ces élèves provenaient de 10 écoles différentes. Leurs réponses ont été analysées et classées selon quatre aspects reliés à leur perception :

- perception globale du redoublant ;
- perception liée aux résultats scolaires du redoublant ;
- perception transmise à l'enfant par l'adulte ;
- perception liée à un domaine particulier des apprentissages en français et en mathématiques, ou liée à l'aide reçue.

Le tableau 1.1 présente les informations relatives à chaque perception des élèves.

La majorité des élèves ont d'abord une perception globale négative des redoublants. Une proportion importante d'écoliers (45,8 %) perçoivent le redoublant comme n'étant pas bon. Les résultats que celui-ci obtient influencent aussi la perception des élèves dans une proportion de 30,6 %. L'adulte ne modifie pas tellement l'opinion de l'élève (4,2 %). Parmi l'ensemble des enfants interrogés, les différences de perception entre ceux de première, de deuxième et de troisième année sont peu marquées. Les élèves savent, dans la plupart des situations, qui sont les redoublants de leur classe.

TABLEAU 1.1 Perception du redoublant par ses pairs

Type de perception	Réponses	Nombre de répondants	Nombre total de répondants
Perception globale du redoublant	• Il n'est pas bon.	15	33 répondants (45,8 %)
	• Il ne comprend jamais rien.	8	
	• Il est le plus vieux et il est le moins bon.	10	
Perception liée aux résultats scolaires du redoublant	• Il a des problèmes.	14	22 répondants (30,6 %)
	• Au début, il disait toutes les réponses avant les autres, maintenant, il n'est plus le premier.	8	
Perception transmise à l'enfant par l'adulte	• Mon enseignante m'a dit qu'il avait de la difficulté mais qu'il doit être bon dans d'autres choses.	3	3 répondants (4,2 %)
Perception liée à un domaine en particulier	• Il va chez l'orthopédagogue.	5	14 répondants (19,4 %)
	• Il a de la misère à lire.	9	

Les réactions des redoublants et des pairs n'altèrent pas l'assurance qu'ont les enseignantes d'avoir pris la bonne décision. Toutes les enseignantes des élèves interrogés approuvent la décision concernant le redoublement des enfants de leur classe et entrevoient des résultats positifs pour l'année en cours, mais peu d'entre elles peuvent émettre des prévisions à plus long terme.

Cependant, quand vient le temps de décider de la promotion de certains de leurs élèves, quelques enseignantes vivent cette période de l'année comme un véritable cauchemar. Que faire pour que leur décision ne prenne pas l'allure d'un verdict?

Une décision ayant l'allure d'un verdict

Lorsqu'un verdict est rendu, on doit disposer de suffisamment d'éléments pour éclairer son jugement et conclure à une peine juste et équitable. Au moment de décider du classement d'un enfant, nous posons un jugement mais nous ne voulons pas que celui-ci prenne l'allure d'un verdict; nous désirons plutôt qu'il soit éclairé par un ensemble d'informations pertinentes favorisant une prise de décision objective et juste pour l'enfant.

Une prise de décision objective et juste : voilà l'objectif que chaque intervenant doit viser ! Mais comment vraiment y parvenir ?

Dans le cas de Pierre-Luc, comme dans celui de bien d'autres enfants, la décision est prise très sérieusement et dans le but de l'aider le plus possible. Mais pourrions-nous aller plus loin dans notre réflexion et dans nos actions?

Avant de prendre une décision relative au cas de Pierre-Luc, les intervenants doivent d'abord tout mettre en œuvre pour bien comprendre sa situation. Chaque participant à l'étude du cas possède des données précises sur l'histoire scolaire de Pierre-Luc, sur sa date de naissance et sur son environnement scolaire, familial et socio-communautaire. De plus, avant qu'une décision de redoublement ne soit prise, les informations concernant son développement intellectuel, émotionnel et physiologique, ses difficultés spécifiques, sa maturité et ses capacités d'adaptation doivent aussi être disponibles et consultées lors de cette rencontre d'étude du cas.

Comme le suggèrent Rose, Medway, Cantrell et Marus (1983), la décision de faire reprendre une année à un élève ne peut être prise sans d'abord analyser le déficit dans ses habiletés de base et son retard scolaire. Elle ne peut non plus être prise en fin de parcours. Tout au long de l'année scolaire, les parents doivent être informés du développement de leur enfant et intégrés dans des démarches d'aide. Il faut absolument éviter les *surprises* de dernière heure et les jugements punitifs. L'enfant ne redouble pas parce qu'il n'a pas suffisamment travaillé, parce qu'il a perdu son temps ou parce qu'il a des problèmes de comportement.

Avant de prononcer le verdict du redoublement de Pierre-Luc, le directeur de l'école ou la personne qui agit comme responsable de la décision informe adéquatement l'enseignante et les parents des avantages et des inconvénients du redoublement. De plus, la personne responsable fait connaître les effets pervers du redoublement sans mesure d'accompagnement (Martin, 1988) et elle

Pour obtenir une décision juste et efficace, il faut donner à l'équipe-école les moyens d'y parvenir.

prépare avec l'enseignante, l'élève et la famille le projet du redoublement.

Pour éviter que la décision du redoublement ne devienne un verdict inacceptable pour l'enfant et pour les parents, il faut, en plus des aspects déjà mentionnés :

- établir une politique claire du redoublement pour l'ensemble de l'école ;
- former une équipe dont le mandat consiste à promouvoir la réussite scolaire pour tous et la mise en place de démarches systémiques favorisant des échanges entre les enseignantes et entre les classes (ces échanges permettraient de prévenir des commentaires semblables au suivant : « Je ne comprends pas comment tu as pu accepter une promotion pour Joël, il est bien trop faible pour être dans ma classe... ») ;
- disposer de matériel didactique adapté permettant à l'élève qui éprouve des difficultés de cheminer à son rythme ;
- offrir aux enseignantes et aux parents des ateliers de formation et des moyens pour aider l'enfant qui chemine plus lentement ;
- assurer la présence d'une orthopédagogue pouvant diagnostiquer précisément les difficultés d'apprentissage, préparer et appliquer des plans de rééducation et intervenir directement auprès des enfants et indirectement auprès des enseignantes, des parents et d'autres intervenants.

Nos expériences et notre réflexion nous permettront d'enrichir la liste ci-dessus des éléments pouvant influencer le verdict relatif au redoublement d'un de nos élèves. En plus de réfléchir aux aspects mentionnés, il serait sans doute fort intéressant d'en discuter avec des collègues de travail.

Puisque le rendement scolaire est considéré, pour Pierre-Luc et pour la majorité des redoublants, comme le critère principal retenu lors de la prise de décision (Robitaille-Gagnon et Raymond, 1994), il est important de se doter d'outils d'évaluation diagnostique permettant de connaître les objectifs à atteindre en priorité.

La fiche d'évaluation[2] présentée à l'annexe 1A (voir page 89) permet justement de connaître les objectifs prioritaires à atteindre et pouvant, par la suite, guider les interventions. Cette fiche permet également de disposer d'une référence commune à l'ensemble des élèves terminant leur première année et de diminuer les effets variables, sur la décision, des niveaux de tolérance et d'exigences des enseignantes.

Les points évalués à l'aide de cette fiche et des activités qui l'accompagnent ont été jugés par les enseignantes concernées comme représentant vraiment un rendement minimal. Cette fiche permet de déterminer les acquis minimaux de l'enfant de première année avant son entrée en deuxième année. Si l'enfant maîtrise l'ensemble des points évalués sur cette fiche, les intervenants pourraient

---

2. Cette fiche a été élaborée avec des enseignantes de première et de deuxième année de neuf écoles différentes, qui avaient d'abord comme souci d'assurer un cheminement scolaire adapté aux besoins des enfants et de prononcer un verdict servant les intérêts de l'élève.

juger qu'il possède le rendement scolaire minimal requis en français et en mathématiques.

Après une analyse sérieuse de la situation de l'enfant, la décision du redoublement ne devrait donc pas être un verdict basé sur une comparaison avec d'autres élèves performants de la classe. Cette décision affecte beaucoup le cheminement de l'élève et plus nous disposons d'informations objectives et d'une grande collaboration de la part des enseignantes, plus il sera possible d'offrir à l'enfant la solution lui convenant le mieux.

Après avoir évalué des élèves à l'aide des activités proposées sur la grille, des enseignantes de première année et des orthopédagogues m'ont mentionné que la plupart des enfants réussissent presque tous les items, aussi bien en français qu'en mathématiques. Devant de tels résultats, est-ce qu'elles se posent quand même la question du redoublement? Oui, mais elles disposent d'éléments plus objectifs pour y répondre et elles complètent cette évaluation par une observation des attitudes de l'enfant et par un échange avec leurs collègues de la classe de deuxième année ou avec d'autres personnes travaillant avec l'enfant.

CHAPITRE 2

Des stratégies gagnantes pour aider l'élève qui présente des retards pédagogiques

Une organisation favorable

Quelles actions une enseignante peut-elle mener pour prévenir le redoublement ou pour aider le redoublant ? Quelles stratégies d'intervention et quelles approches pédagogiques doit-elle privilégier ?

Pour aider Pierre-Luc et tous les redoublants, et tous ceux à qui on désire éviter une reprise d'année, on peut miser sur des stratégies gagnantes reliées à trois aspects : une organisation favorable, des programmes adaptés et des intervenants de qualité.

Lindving (1983) indique qu'il est d'abord essentiel de donner une structure spécifique à l'organisation permettant aux intervenants de bien comprendre la situation de l'élève. Les personnes impliquées dans la décision relative au redoublement ou à la promotion de l'élève doivent disposer de données précises telles que celles qui figurent sur la feuille de route présentée dans le tableau 2.1.

Les informations nécessaires à une prise de décision éclairée devraient aussi servir à prévenir le redoublement. Une organisation favorable, où une attention particulière est accordée à la prévention, favorise la disponibilité des informations nécessaires à la réalisation d'interventions adaptées aux besoins des élèves qui éprouvent des difficultés.

Rose, Medway, Cantrell et Marus (1983) suggèrent d'analyser d'abord le déficit dans les habiletés de base et le retard scolaire de l'élève. Il ne faut cependant pas s'en tenir uniquement à des critères de base ou à des exigences minimales par rapport à un rendement scolaire attendu. Ces auteurs suggèrent *un horaire flexible* permettant aux élèves d'avoir accès à des programmes intéressants et parallèles. Redoubler une année dans des conditions semblables à celles de l'année précédant le redoublement ne profite pas à l'élève (Martin, 1988).

Pour rendre l'organisation favorable, d'autres conditions peuvent aussi être considérées :

- adapter les structures de la classe ;
- décloisonner les groupes d'élèves ;
- étaler certains objectifs sur des durées variables ;
- favoriser l'intervention d'une équipe (orthopédagogue, parents, aides, etc.) ;
- tenir compte de l'opinion de l'ensemble des personnes touchées ;
- prévoir des mécanismes pour relayer l'information aux parents et aux autres intervenants ;
- favoriser une participation active des parents et une communication saine et régulière entre l'école et la famille ;
- informer adéquatement les enseignantes et les parents des avantages et des inconvénients du redoublement et faire aussi connaître les effets pervers du redoublement sans mesure d'aide (Martin, 1988) ;

TABLEAU **2.1** Feuille de route de l'élève

Nom de l'élève :_____Date de naissance : _____

Histoire scolaire de l'élève :

Environnement scolaire :

Environnement familial :

Environnement socio-communautaire :

Développement intellectuel :

Développement émotionnel :

Développement physiologique :

Difficultés spécifiques (lecture, écriture, mathématiques, attitudes, habiletés, etc.) :

Forces particulières (styles d'apprentissage, relations interpersonnelles, stratégies pertinentes, compétences, aptitudes ou capacités, attitudes, habiletés, etc.) :

Capacités de s'adapter :

- utiliser l'évaluation-bilan et offrir de la formation aux enseignantes afin qu'elles puissent déterminer clairement les résultats raisonnables qu'elles peuvent attendre des élèves de leur classe (Grisay, 1989);

- préparer, à l'aide d'un comité sur la réussite scolaire des élèves, une politique claire de promotion et en appliquer les recommandations tant à l'école qu'à la maison (Elligett et Tocco, 1983);

- repérer rapidement les élèves en difficulté et intervenir très tôt dans l'année scolaire, et proposer aux parents des moyens d'action fondés sur leurs compétences parentales pour aider leur enfant;

- favoriser une approche systémique et systématique et inclure les parents et les différents intervenants dans la recherche de solutions (Fine et Holt, 1983);

- organiser des sessions de formation sur les rythmes d'acquisition des apprentissages et sur la pédagogie différenciée, sur les préalables à la lecture, sur l'évaluation intégrée dans l'action pédagogique et sur la régulation des apprentissages, sur l'adaptation constante des pratiques et sur les différents objectifs d'apprentissage (Martin, 1988);

- organiser et réaliser des activités reliées à l'éveil à l'écrit pour les enfants d'âge préscolaire et mettre en place des activités reliées au développement des compétences parentales des parents de ces jeunes enfants (Blain, 1999).

Dans certains milieux scolaires, quelques-unes de ces conditions existent; elles représentent tout un programme d'action à établir selon les besoins et les réalités de chaque école. Parmi l'ensemble de ces moyens visant principalement à créer une structure favorable, ceux qui suivent devraient être retenus en priorité.

- Éviter le redoublement si l'enfant et les parents s'opposent à cette mesure d'aide.

- Repenser la notion de classe et éviter le plus possible d'utiliser le redoublement quand un élève a plus de 12 ou 13 ans. À l'adolescence, le redoublement est vécu comme un échec et engendre une très grande absence de motivation, de sorte que la majorité des redoublants ne terminent pas leurs études secondaires (Godfrey, 1972; Haddad, 1979; Brais, 1994b).

- Si l'élève redouble, lui offrir un menu scolaire adapté et différent de celui qu'il a connu l'année précédant son redoublement.

Des programmes adaptés

Quel programme devrait être privilégié avec le redoublant ? En vertu de l'orientation qui se dégage de l'ensemble des recherches consultées (voir appendices 1 et 2) ainsi que des observations faites sur le terrain et des connaissances pratiques puisées dans le milieu scolaire, l'orientation générale est la suivante : il serait illogique d'utiliser les mêmes méthodes avec le redoublant et de lui faire revoir le même programme puisqu'il n'a pas réussi avec ces méthodes et ce programme l'année précédant son redoublement.

Selon Rose, Medway, Cantrell et Marus (1983), il vaut mieux offrir au redoublant des méthodes parallèles, une nouvelle enseignante et un programme nouveau et adapté. Lieberman (1980) abonde dans le même sens en affirmant que le redoublant ne peut revoir le même programme puisque celui-ci a été inadéquat et qu'il risque d'être moins intéressant durant l'année du redoublement.

Les actions prises par rapport au contenu du programme doivent être très spécifiques et adaptées aux besoins de chaque élève. Voici sommairement quelles sont ces actions :

- dès le début de l'année, évaluer le redoublant ou l'élève promu pour lequel une intervention préventive est appliquée, à l'aide de tests diagnostiques, afin d'orienter les interventions et de procéder à une planification plus efficace de l'enseignement (Reiter, 1973) ;
- bien repérer les sources de difficultés dans le but d'y remédier à l'aide d'un plan d'intervention où les parties du programme à répéter, les stratégies rééducatives les plus efficaces pour l'aider et les objectifs à atteindre sont bien précisés ;
- déterminer les forces de l'élève et les stratégies qu'il connaît ou qu'il utilise déjà ;
- si la difficulté principale est en lecture, celle-ci constituant un préalable essentiel à d'autres apprentissages, planifier un programme intensif d'entraînement et l'appliquer sur une base régulière et continue (Bloom, 1979) ;
- appliquer le plus tôt possible ce programme ;
- donner la chance à l'élève d'apprendre ce dont il croit avoir besoin pour mieux fonctionner ou réussir à l'école et l'impliquer activement dans la planification de son plan de travail.

Dans la planification du plan, il faut favoriser la participation de l'élève à diverses situations de résolutions de problèmes. Ces résolutions de problèmes peuvent se rapporter à la sélection des objectifs, à l'utilisation de son temps en classe et à la maison, à la réalisation de travaux à l'école ou à domicile et à l'exécution de tâches spécifiques proposées par l'orthopédagogue en collaboration avec l'enseignante et l'élève.

Les observations de Hagen (1980), de Grisay (1989) et de Bloom (1979, 1984)

Une enseignante de quatrième année au Colorado a expérimenté diverses actions qui ont permis à neuf élèves de sa classe d'éviter de redoubler leur année (Hagen, 1980).

Dès la rentrée scolaire, elle a fait passer à ses élèves des tests de compréhension des habiletés de base (Comprehensive Test of Basics Skills, CTBS) et elle a préparé une grille pour y noter les résultats de ces tests et repérer ainsi certaines lacunes dans les habiletés évaluées. Elle a donc pu cerner les parties du programme qui avaient besoin d'être davantage approfondies.

Elle a ensuite rencontré individuellement les parents de chaque enfant et leur a expliqué où leur enfant se situait dans ses apprentissages scolaires et quels objectifs devraient être poursuivis durant l'année. Chaque vendredi, elle a envoyé aux parents tous les travaux faits par leur enfant. Elle accompagnait cet envoi de la liste des activités que ce dernier devait réaliser durant la semaine. Elle a demandé aux parents de consulter les travaux, de les signer, de les faire compléter au besoin et de les retourner le lundi suivant.

À chaque remise de bulletin, elle a rencontré les parents individuellement et leur a indiqué les points forts et les points faibles de leur enfant par rapport au programme établi en classe, et les objectifs qui lui causaient le plus de difficulté et qui risquaient de lui faire redoubler son année si ses résultats ne s'amélioraient pas. Après la remise de chacun des bulletins, elle a donné quotidiennement des travaux à faire le soir à la maison. Elle a préparé ces travaux en fonction des points faibles notés dans le bulletin de chaque élève.

À la fin de l'année scolaire, les élèves de sa classe ont passé les mêmes tests de compréhension des habiletés de base (CTBS). Hagen a constaté que, sur 17 élèves qui devaient redoubler leur année, 9 ont réussi à éviter le redoublement. Le plan d'action que cette enseignante a établi misait surtout sur l'engagement véritable des élèves et des parents. Cependant, en plus de compter sur cet engagement, elle a utilisé le *tutorat* et sollicité l'aide de consultants pour planifier ses objectifs et ses stratégies d'intervention. Il faut noter ici que le profil scolaire de ces élèves du Colorado ressemblait à celui de plusieurs élèves québécois reconnus comme étant gravement en difficulté et ayant deux ans et plus de retard scolaire.

L'*évaluation-bilan*, telle qu'elle est décrite par Grisay (1989), représente aussi un moyen efficace non négligeable d'éviter le redoublement. L'évaluation-bilan est basée essentiellement sur des attentes *réalistes et conformes aux programmes d'études* de chaque classe.

Parmi les recherches portant sur le redoublement, celles effectuées par Bloom (1979 et 1984) sont particulièrement pertinentes. Après de nombreuses expérimentations dans des écoles de la région de Chicago, Bloom affirme que 95 % des élèves dans le système scolaire peuvent réussir si trois conditions sont respectées. Les résultats présentés par le système scolaire québécois se situent bien loin de ce pourcentage de réussite! Il va de soi que les trois conditions auxquelles Bloom attribue un tel mérite sont d'un très grand intérêt.

Quelles sont donc ces conditions ayant un effet presque *magique* qui assureraient la réussite scolaire à tous ces élèves susceptibles de reprendre une année scolaire ? Les voici :

- l'enfant doit posséder les comportements cognitifs préalables à l'exécution d'une tâche ;
- il doit être motivé ;
- l'enseignement doit être de qualité.

Le respect de ces trois conditions représente un défi de taille ! Dans le déroulement quotidien de la vie d'une classe, lorsqu'une enseignante intègre dans son groupe-classe un élève promu malgré un retard pédagogique important, le respect de ces trois conditions signifie qu'elle :

- spécifie à l'élève les objectifs à atteindre ;
- fait vivre des expériences de réussite à l'élève ;
- consolide les notions de base avant de présenter des tâches plus difficiles ;
- fournit rétroactivement des commentaires précis et non menaçants ;
- agit constamment de façon à remédier aux difficultés.

Selon Bloom, la qualité de l'enseignement signifie aussi une approche systémique, par l'implication de plusieurs intervenants, et systématique, par la rigueur de l'application du plan de travail et la fidélité à son contenu. En raison de l'importance du respect de ces conditions dans la réussite scolaire des élèves, les tableaux 2.2, 2.3 et 2.4 (voir pages 18, 19 et 20) présentent de façon beaucoup plus précise des données relatives à ces conditions afin d'éviter le plus possible qu'elles donnent lieu à des applications réductionnistes ou même simplistes.

TABLEAU 2.2 Données relatives aux comportements cognitifs de départ[*]

Caractéristiques des comportements cognitifs	Conséquences et résultats des recherches	Interventions souhaitables

• Histoire de l'élève :
  - son passé
  - ses antécédents
  - les préalables à une tâche
 	
• Liste de préalables généraux à plusieurs tâches :
  - compréhension en lecture
  - capacité d'attention
  - méthode de travail
  - capacité d'utiliser une bibliothèque
  - répartition du temps
  - utilisation des ressources en dehors de la classe
	• Quand un premier apprentissage n'est pas corrigé, les difficultés s'accroîtront et le rendement diminuera pour les apprentissages subséquents.
	
	• Le rendement produit un effet très important au cours des années ultérieures, de sorte que 75 % de la variance du rendement à la fin d'une année peut être prédite avant le début de l'année en question.
	
	• Le rendement dans chacune des tâches d'une série a un effet considérable sur la mesure sommative du rendement final.
	
	• Le rendement est beaucoup plus élevé si l'élève a les préalables nécessaires.
		• Pour chaque tâche d'apprentissage, effectuer une analyse logique et pédagogique du contenu et des préalables nécessaires
		
		• Spécifier les préalables cognitifs avant de commencer une leçon
		
		• Modifier la tâche (objectif-contenu-forme-présentation) si l'élève n'est pas prêt
		
		• Axer l'apprentissage sur des comportements spécifiques plutôt que généraux
		
		• Aider l'élève aux premières étapes de l'apprentissage plutôt que d'attendre la manifestation de difficultés
		
		• Informer l'élève sur ses réussites et sur ses difficultés, et utiliser des mesures correctives au terme de chaque tâche

[*] Bloom (1979) considère que 25 % des résultats scolaires peuvent être déterminés par les comportements cognitifs de départ.

TABLEAU **2.3** Données relatives aux caractéristiques affectives*

Caractéristiques affectives	Conséquences et résultats des recherches	Interventions souhaitables
• Ouverture à une nouvelle tâche • Désir de bien apprendre • Confiance en soi pour investir énergie et ressources • Persévérance • Détermination à faire les efforts voulus • Attrait pour les activités que l'élève croit pouvoir réussir • Goût des tâches qui offrent un défi, un risque (si c'est trop facile ou trop difficile, il n'y a pas de sentiment de fierté)	• L'intérêt pour une matière croît ou décroît avec les années selon que le rendement est bon ou mauvais. • L'élève finit par avoir une image positive ou négative de lui-même. • Après des échecs nombreux et répétés, l'attitude négative de l'élève se transforme en apathie. • Les différences dans les perceptions de ses capacités et dans ses possibilités de réussir augmentent en 2e année et diminuent en 4e et 6e année du primaire et en 2e année du secondaire. • Au moins 25 % du rendement de l'élève s'explique par l'affect. • Rendement dans une matière et affect sont étroitement liés. • L'affect représente une variable causale déterminante dans l'effort nécessaire fourni par l'élève dans sa réussite.	• Assurer une histoire scolaire positive surtout au primaire • Aider l'élève • Le récompenser • Lui faire connaître le succès lors des premières tâches d'une série • Lui fournir les préalables nécessaires • Éviter de faire connaître ses insuccès devant ses pairs ou devant des adultes

* Bloom (1979) affirme que l'élève qui possède des caractéristiques positives et des comportements cognitifs de départ appropriés apprendra même dans de mauvaises conditions d'enseignement.

TABLEAU **2.4** Données relatives à la qualité de l'enseignement*

Caractéristiques d'un enseignement de qualité	Conséquences et résultats des recherches	Ajustements souhaitables
• Présence des préalables nécessaires à l'exécution d'une tâche (connaissances déclaratives, procédurales, etc.) • Matériel didactique adéquat et varié • Bonne organisation des objectifs et du contenu • Présentation de la tâche et exploitation maximale • Temps et ressources disponibles • Participation de l'élève : 10 % des élèves ont besoin de 5 à 6 fois plus d'activités ou d'exercices que les plus forts • Renforcements variés nombreux et fréquents • Bonne utilisation du système de rétroaction et de correction • Indices multiples fournis à l'élève (verbaux, visuels, tactiles et kynesthésiques) • Rétroaction et procédure de correction assurées	• La qualité des indices fournis à l'élève, le renforcement et la participation expliquent environ 20 % de la variance du rendement. • En pédagogie de la maîtrise, l'élève atteint 80 % des objectifs contre 20 % par l'élève du groupe témoin. • La relation que l'élève établit avec l'enseignante ne joue que pour 5 %. • L'indice le plus clair de la qualité de l'enseignement est la participation des élèves. • La concentration porte sur l'organisation des apprentissages et non sur la discipline. • La qualité de l'enseignement explique environ 25 % de la variance dans le rendement scolaire.	• Noter où est rendu l'élève • Lui fournir différentes indications • Analyser ses réponses • Fournir des indices supplémentaires au besoin • Amener l'élève à agir et à participer • Adapter la quantité des activités au besoin • Adapter ses renforcements • Amener l'élève à créer sa propre source de motivation • Se centrer sur la qualité de l'organisation des apprentissages

* La qualité de l'enseignement combinée aux comportements cognitifs et affectifs peuvent expliquer environ 75 % de la variance du rendement de l'élève.

 # a part des intervenants

La qualité de l'enseignement et des interventions est liée très étroitement aux intervenants. Au cœur des actions et des stratégies à privilégier, l'enfant occupe une place prépondérante parmi tous les intervenants. Le soutien de la direction, des enseignantes et de ses parents contribue aussi largement à son succès scolaire.

Bossing et Brien (1980) mentionnent l'importance de la participation de chaque intervenant tout au long de l'année scolaire. Cette participation permet de suivre le progrès de l'enfant et de développer des attitudes positives.

L'élève

On ne le répétera jamais assez, il est important que l'élève prenne une part active dans la décision et dans les actions à planifier et à réaliser. Pour bien des enfants dont le rendement scolaire risque de compromettre leur promotion à une classe supérieure, la décision du redoublement ne devrait pas être prise sans leur participation. Cette participation doit être plus qu'un accord consenti du bout des lèvres après avoir écouté tous les arguments des adultes en faveur du redoublement.

Dans de trop nombreuses rencontres, l'enfant dont on discute de l'avenir n'est pas présent : lorsqu'il l'est, les questions et les réponses proviennent principalement des adultes. Lorsqu'on a discuté de son redoublement, Pierre-Luc, le cas type présenté au chapitre 1, n'était pas présent, et lorsque sa mère a participé à la rencontre organisée par l'école, elle a écouté attentivement tous les arguments en faveur du redoublement de son fils :

- il aura de la difficulté en lecture en deuxième année ;
- il se découragera parce que les textes seront trop longs ;
- il consolidera ses habiletés en refaisant sa première année ;
- il pourra mieux réussir toutes les autres années du cours primaire si les notions de base en première année sont bien maîtrisées ;
- vivra plus de réussites et se sentira d'autant plus valorisé, etc.

Pour favoriser sa réussite, l'élève doit se sentir engagé dans l'action. Il doit être au cœur des décisions.

Devant ces nombreux arguments et la description de la situation, la mère de Pierre-Luc, malgré ses réticences à accepter la décision de l'enseignante et de la direction, ne disposait pas de beaucoup d'éléments pour l'influencer. Elle s'en est remise à la compétence des experts scolaires en espérant qu'elle pourrait convaincre son fils des bienfaits de cette décision.

Lors de l'étude du cas de Pierre-Luc, la responsabilité qu'il assume, son choix et ses arguments ont été mis en veilleuse. Bien sûr, son enseignante et sa mère tenteront le mieux possible de le convaincre que c'est pour son bien...

Puisque ce processus de décision concerne directement l'enfant, ne faudrait-il pas d'abord lui demander son opinion, ses suggestions ? Lui proposer différentes avenues et le laisser choisir ? Idéalement, l'enfant doit trouver lui-même un sens à la décision qui le concerne.

Au XXIIIe congrès de l'Association québécoise pour les troubles d'apprentissage (AQETA), tenu en mars 1998, deux conférenciers bien connus dans le monde de l'éducation, Philippe Meirieu et Jacques Tardif, ont été invités à répondre à la question suivante : comment les écoles construisent-elles les difficultés des enfants ?

Parmi les éléments de réponses apportés, les deux conférenciers ont évoqué les pratiques pédagogiques, les pratiques évaluatives et la recherche de sens comme facteurs importants pouvant causer les difficultés scolaires. À propos de la recherche de sens, M. Jacques Tardif a cité le professeur Michel Develay : « [...] l'école répond à des questions que les élèves ne se posent pas et... elle ne répond pas aux questions qu'ils évoquent. »

Quelles sont les questions de l'élève quant à sa promotion et quelles sont les réponses qui auront du sens pour lui et qui favoriseront son engagement ? La réflexion et les échanges concernant ces questions ne peuvent se faire sans la participation de l'enfant tout au long du processus de décision.

Dans un même ordre d'idées, M. Tardif cite aussi le professeur Astolfi (1992, p. 45). Ce dernier formule l'hypothèse suivante : « [...] de nombreux élèves (et pas nécessairement les meilleurs) souffrent du fait que les contenus enseignés manquent d'enjeux, susceptibles de les rendre "intéressants" à leurs yeux, justifiant qu'ils s'y attellent sérieusement » (Tardif, 1998, p. 28).

La direction de l'école

Martin (1988, p. 50) précise le rôle de la direction de l'école : celle-ci doit orienter les moyens d'action et les décisions par des *incitations institutionnelles*. Une politique de passage d'une classe à l'autre et l'information aux enseignantes et aux parents sur les éléments de cette politique font partie des moyens permettant d'harmoniser les décisions aux critères d'évaluation utilisés par l'école.

Ainsi, la justification d'une décision de redoublement s'appuie sur des arguments objectifs et est fournie par une équipe éducative bien informée et cohérente. Cette information et cette cohérence relèvent de la direction. Par conséquent, celle-ci s'informe des résultats des recherches sur le redoublement, s'intéresse à quelques options, favorise des pratiques pédagogiques et évaluatives orientées vers le succès des élèves et en fait la promotion auprès des enseignantes de l'école.

La direction assure également la participation de l'élève à la démarche menant à la décision et forme une équipe dont le mandat principal est de promouvoir des actions visant à répondre le mieux possible aux besoins des élèves et à assurer leur réussite scolaire. La philosophie de base de cette équipe porte davantage sur la promotion des élèves par groupe de besoins que sur la promotion par groupe-classe (le concept « groupe de besoins » est emprunté à Philippe Meirieu, 1998).

L'enseignante

Selon Reiter (1973), plusieurs actions dépendent de l'enseignante. Elle observe, enregistre et analyse les résultats afin d'ajuster les mesures d'aide prises pour soutenir l'élève. Elle favorise au plus haut point la participation des parents et le développement d'attitudes positives. Dans le cas de Pierre-Luc, son enseignante a joué un rôle majeur dans la décision du redoublement.

Qu'il s'agisse d'une décision de redoublement ou d'une promotion avec des mesures spéciales d'aide, l'enseignante privilégie des interventions où les critères suivants seront respectés :

- un enseignement où domine la recherche de sens pour l'enfant ;
- l'adaptation des tâches proposées en fonction de plusieurs niveaux de difficultés ;
- des rencontres régulières avec les parents (au moins une par étape scolaire) ;

- l'engagement très actif de l'élève dans toutes les démarches;
- des choix d'activités mettant en jeu les processus cognitifs de l'élève et une pratique stratégique de sa part;
- des interventions basées sur la régularité et sur la rigueur;
- une évaluation constructive intégrée dans le processus d'apprentissage de l'élève;
- des attitudes favorisant chez l'élève une perception positive de l'école et l'estime de lui-même.

L'enseignante redonne à l'élève la part de responsabilités qui lui revient en le laissant lui-même formuler les questions et les réponses qui le concernent. Elle guide l'élève vers une démarche qu'elle considère utile pour lui.

Cette démarche suppose un très grand changement chez les intervenants qui considèrent l'enfant comme le sujet, l'objet d'apprentissage pour lequel ils ont tout à planifier, à penser et à prévoir. Ces intervenants s'attribuent le rôle actif alors que l'élève n'est que le récepteur passif du fruit de leur labeur.

L'enseignante est plus qu'un guide pour l'élève. Elle est un coach qui vise l'optimisation du plan de match!

L'enfant est pourtant le principal artisan de ses apprentissages : l'enseignante doit donc le guider, l'animer et le soutenir dans sa démarche. La grille d'entrevue présentée dans l'annexe 2 (voir page 94) suggère quelques pistes pour amener l'élève à donner du sens à ses décisions et aux orientations qui en découlent. Malgré l'horaire chargé et le peu de temps dont l'enseignante dispose, cette démarche devrait être faite dans le cadre d'une rencontre individuelle avec l'enfant. Cette rencontre pourrait aussi être organisée par une orthopédagogue qui connaît l'élève.

Le ton adopté durant la rencontre doit être amical et accueillant. L'enfant doit sentir qu'il est important et que son opinion et son engagement comptent beaucoup. La spontanéité de même que la recherche conjointe de solutions où l'intérêt de l'enfant prime favorisent le succès de cette démarche.

Inutile de mentionner que les sous-entendus, les menaces et les jugements défavorables sont à proscrire lors d'une telle rencontre. Il faut, de plus, éviter le monologue et s'abstenir de formuler les questions et les réponses.

Par ailleurs, dans le but de favoriser la spontanéité et l'engagement informel de l'élève, il serait préférable de consulter la grille proposée en annexe avant l'entrevue et de ne pas la remplir durant l'entrevue. Si, toutefois, durant la rencontre, certains éléments méritent d'être enregistrés, le mentionner spontanément à l'enfant en ces termes : « Ce que tu me dis est tellement intéressant que je ne veux pas l'oublier, aussi je l'écris. »

Enfin, il est important de terminer la rencontre en permettant à l'élève de rédiger une synthèse personnelle de son plan de travail et de ses engagements. On peut également l'inviter à résumer la rencontre en ses propres mots.

L'enseignante et la qualité de ses interventions

Le chapitre 3 propose une analyse détaillée du plan d'intervention adapté aux besoins de l'élève. Dans les diverses interventions prévues par ce plan, quelques propositions de Hagen (1980) ont été retenues, notamment la proposition d'envoyer aux parents, chaque semaine, les travaux effectués par leur enfant, accompagnés de notes explicatives. Cette action renforce les interventions de l'enseignante et permet aux parents d'offrir à leur enfant un soutien constant.

Dans une démarche visant à prévenir le redoublement ou à aider le redoublant, il est important que l'enseignante enregistre chaque semaine les résultats de l'élève et qu'elle prépare un bulletin ou un formulaire de communication au moins une fois par mois afin de suivre les progrès de l'enfant et d'informer adéquatement et régulièrement ses parents. Ce bulletin permet aussi à l'enseignante d'ajuster, si cela est nécessaire, ses interventions.

Il ne faut pas oublier que, dans une telle démarche, la réussite de l'élève dépend du respect de trois conditions importantes : le respect des caractéristiques cognitives de l'élève, le respect de ses caractéristiques affectives et la qualité de l'enseignement.

Le *respect des caractéristiques cognitives de l'élève* suppose que l'enseignante effectue une analyse logique et pédagogique des compétences du programme et des préalables nécessaires à l'atteinte de celles-ci. Avant chaque leçon, elle détermine les préalables cognitifs requis pour réaliser la tâche prévue et modifie cette tâche si l'élève n'est pas prêt à l'effectuer. Elle axe son enseignement sur des contenus spécifiques plutôt que sur des contenus généraux. De manière préventive, elle aide l'enfant dès les premières étapes de l'apprentissage plutôt que d'attendre la manifestation de difficultés. Après chaque tâche, elle informe l'élève de son rendement et utilise des mesures correctives si elle considère que l'élève en a besoin.

Pour *respecter les caractéristiques affectives de l'élève*, l'enseignante lui assure une histoire scolaire positive et l'aide à avoir une perception positive de l'école et de lui-même. Elle valorise régulièrement l'enfant, lui permet de connaître des succès dès le début des tâches à accomplir, évite de signaler ses insuccès devant ses pairs ou devant des adultes et lui présente des défis adaptés à ses capacités.

La *qualité de l'enseignement* relève en grande partie de l'enseignante, et cette condition favorable à la réussite des apprentissages de l'élève ne doit pas être minimisée. Elle se concrétise par diverses actions telles que noter où en est rendu l'élève, lui fournir différentes indications, analyser ses réponses, l'amener à participer à la vie du groupe, adapter les activités et leurs modalités de réalisation, déterminer les moyens d'évaluation, fournir des rétroactions. Elle suppose principalement que l'enseignante se centre sur la qualité de l'organisation des apprentissages.

L'orthopédagogue

Devant l'ampleur de la tâche et la spécificité de certaines interventions, l'enseignante ne peut répondre seule aux besoins des redoublants et des élèves pour qui une telle mesure pourrait être envisagée. Poser un diagnostic précis et planifier une intervention adaptée aux besoins de l'élève, intervention nécessitant la plupart du temps une rééducation, nécessitent l'aide d'une orthopédagogue. La réussite scolaire des élèves éprouvant des difficultés ne sera possible dans la majorité des situations que si l'orthopédagogue intervient comme personne-ressource tout en s'assurant du respect des conditions déjà énoncées. Au moins 10 % des élèves intégrés dans les classes ordinaires éprouvent des difficultés nécessitant l'aide de l'orthopédagogue. Ce serait tellement mieux, et combien plus rentable, si on pouvait recourir aux services de l'orthopédagogue avant que les difficultés apparaissent.

La participation d'une orthopédagogue en rééducation est essentielle. Et pourquoi ne pas envisager à l'avenir de confier à cette personne un mandat préventif? Mieux vaut prévenir que guérir...

Dans ses interventions auprès des élèves qui présentent des difficultés d'apprentissage, Hagen (1980) applique plusieurs des conditions énumérées précédemment, mais elle a recours à un *special aid teacher,* une personne-ressource correspondant à l'orthopédagogue. Cette personne évalue le rendement scolaire des élèves. Elle planifie des objectifs réalistes et oriente les interventions dans le but d'assurer la réussite du cheminement scolaire de l'élève. Elle propose, organise et supervise l'application d'un système de *tutorat* favorisant des interventions fréquentes et rigoureuses. Par-dessus tout, elle planifie des stratégies rééducatives susceptibles d'offrir à l'élève en difficulté de meilleures chances d'atteindre les objectifs prévus. La formation spécifique de l'orthopédagogue et sa connaissance des ressources humaines et des ressources matérielles adaptées aux besoins des élèves lui permettent d'orienter ces derniers vers une démarche d'apprentissage répondant mieux à leurs besoins.

L'action de l'orthopédagogue porte évidemment sur la rééducation, mais elle contribue aussi beaucoup à prévenir le redoublement. Il faut se défaire de ce stéréotype présentant l'intervention de l'orthopédagogue comme uniquement axée sur la rééducation auprès d'élèves ayant des retards importants dans les apprentissages scolaires, notamment en lecture, en écriture et en mathématiques. Selon un tel stéréotype, il ne saurait être question d'intervention orthopédagogique préventive auprès des enfants des classes du préscolaire, ni d'intervention de soutien au début de l'année scolaire en première année.

Les pratiques faisant fi des interventions préventives ne font que contribuer à l'augmentation du nombre d'élèves en difficulté. Les cas ne sont pas rares où, grâce à l'intervention d'orthopédagogues, des enfants de la maternelle ont *échappé* à la classe de maturation et ont pu réussir leur première année. Cette prévention est d'autant plus importante auprès des élèves de première année, dès la rentrée en septembre. Les premières réussites et les premières difficultés de ces enfants sont très marquantes et parfois éprouvantes pour plusieurs d'entre eux. Elles conditionnent souvent le reste de leur parcours scolaire (Gouvernement du Québec, 1992, p. 19).

Les parents

Les parents, avec l'enfant, sont les principaux intervenants. Le milieu scolaire gagne à les faire participer, à les consulter, à favoriser par tous les moyens possibles leur collaboration et à reconnaître leurs compétences. En effet, la réussite d'une approche systémique est favorisée par leur participation à tous les niveaux d'intervention. Dans un contexte d'instabilité sociale et familiale, où l'enfant vit des moments de grande insécurité et où sa famille et son milieu de vie changent fréquemment, l'intervention doit s'ajuster et faire preuve d'énormément de souplesse.

Avec les parents, les tuteurs ou des personnes qui ont la garde de l'enfant, l'approche basée sur la reconnaissance des compétences de chaque individu est à privilégier. Les intervenants du milieu scolaire ont des changements importants à apporter à cet égard, car ils se considèrent souvent comme ceux qui possèdent les compétences et comme des experts. Peu importe les difficultés familiales, les personnes responsables de la garde de l'enfant ont aussi des compétences particulières que le milieu scolaire a tout intérêt à reconnaître.

La qualité de la relation entre la famille et l'école conditionne grandement la collaboration de part et d'autre. Une relation empreinte d'une volonté ferme d'aider l'enfant, une reconnaissance sincère des capacités de chacun dans une action concertée et une recherche de solutions engageant activement les parents ou les autres personnes ayant la garde de l'enfant ne peuvent que contribuer à la réussite scolaire.

La participation des parents et la reconnaissance de leurs compétences sont des facteurs favorisant la réussite des actions entreprises par l'élève.

Les parents ignorent bien souvent l'importance de leurs interventions et s'en remettent aux intervenants scolaires, qu'ils jugent experts en la matière. Les intervenants scolaires jouent un rôle primordial dans l'attitude adoptée par les parents. À l'occasion des rencontres avec ces derniers, questions et échanges peuvent mener à des résultats contradictoires : le choix des questions à poser et la nature des échanges peuvent rendre les parents confiants et conscients de leur importance ou, au contraire, créer des distances et leur donner l'impression qu'ils ne connaissent pas grand-chose à l'école et aux nouvelles façons d'enseigner, et qu'il vaut mieux pour eux laisser toute la place aux intervenants scolaires. Voici, à titre d'exemple, quelques interventions à privilégier dans le but de reconnaître le rôle des parents ou des personnes ayant la garde de l'enfant et l'importance de leur contribution.

- Parlez-moi de votre enfant, de ses réactions en revenant de l'école.
- Que vous raconte-t-il de sa journée, de ses amis, de ce qu'il aime ? De ce qu'il n'aime pas ?
- Quels sont ses intérêts, ses goûts, ses forces, les points à travailler ?
- Me conseillez-vous certaines façons de travailler ou de motiver davantage votre enfant ?
- Comment se passe le temps des devoirs et des leçons ?

Si les parents expriment alors des difficultés, procéder avec eux à une recherche de solutions sans leur en proposer, même si certaines peuvent vous sembler évidentes.

- Que souhaitez-vous pour votre enfant?
- Quel serait le premier point sur lequel vous aimeriez travailler avec votre enfant?
- Aimeriez-vous que nous fixions ensemble un objectif à votre enfant et un moyen de l'atteindre?
- Comment voyez-vous votre collaboration?
- Y a-t-il des aspects dont vous aimeriez discuter ou des points que vous souhaiteriez voir changer à l'école?

Votre expérience comme enseignante vous permettra sans doute de compléter cette liste de questions et de sujets de discussion. L'important est de ne pas perdre de vue que les parents possèdent aussi des compétences et sont considérés comme des experts. La présence et la participation de l'élève à cette entrevue permettront d'harmoniser les relations et de travailler plus efficacement. L'enfant étant le propre artisan de sa réussite scolaire, sa présence et sa participation sont d'autant plus importantes.

Dans certaines situations, le changement d'attitude de part et d'autre présente un défi de grande envergure. Des lectures, des échanges avec d'autres intervenants et des réflexions favorisent le choix de certaines interventions. En 1994, le Conseil supérieur de l'éducation a publié un avis intéressant permettant de pousser plus loin la réflexion et d'orienter les choix d'interventions. Cet avis s'intitule *Être parent d'élève du primaire : une tâche irremplaçable*[1]. Cette tâche considérée comme irremplaçable par le Conseil supérieur de l'éducation incite celui-ci à formuler cette réflexion des plus pertinentes : «L'école doit également prendre conscience qu'elle a aujourd'hui affaire à des parents dont le sentiment de compétence parentale est plus fragile qu'auparavant et a davantage besoin d'être renforcé et consolidé» (1994, p. 28).

Les autres personnes-ressources

Parmi les autres personnes-ressources pouvant contribuer à prévenir le redoublement et à assurer la réussite scolaire, il y a la psychologue, l'orthophoniste, la psychoéducatrice, la travailleuse sociale, les bénévoles et les pairs. Ces personnes peuvent fournir une aide importante aux élèves éprouvant des difficultés d'adaptation ou d'apprentissage.

Le *service de psychologie* offre à certains enfants une évaluation diagnostique de leurs processus cognitifs et des interventions adaptées à leurs habiletés et à leurs capacités cognitives et affectives. En collaboration avec les différents intervenants

---

1. Vous trouverez aussi dans le livre de Georgette Goupil, *Communications et relations entre l'école et la famille* (1996), des références intéressantes pouvant alimenter vos réflexions et orienter vos décisions. Les obstacles à la communication avec la famille et les conditions, les occasions, les attitudes et les rencontres la facilitant y sont bien décrits. De plus, tout un chapitre est consacré aux devoirs et aux leçons et au rôle des parents.

scolaires, familiaux et socio-communautaires, un tel service favorise une intervention respectueuse des caractéristiques cognitives et affectives de l'élève.

Dans plusieurs milieux scolaires, une évaluation diagnostique accompagnée d'un rapport écrit et de quelques brefs commentaires représente l'intervention majeure de la psychologue à tendance clinicienne, qui accorde peu de temps à l'intervention rééducative. Les attentes de l'enseignante, de l'orthopédagogue, de la direction et des parents portent sur le diagnostic, bien sûr, mais aussi sur l'intervention. Que faire et comment intervenir ?

Un besoin urgent : aller au-delà du diagnostic.

Les conseils formulés par les *services d'orthophonie*, de *psychoéducation* ou de *travail social* doivent principalement contribuer au développement de savoir-faire et de savoir-être dans le but d'adapter les objectifs et les stratégies d'intervention aux besoins des élèves. Parfois, des enseignantes manifestent leur insatisfaction car les services professionnels ne répondent pas à leurs attentes. Elles souhaitent une remise en question de la nature des services offerts à l'enfant, de leurs propres attentes et des modalités organisationnelles.

Selon ces enseignantes, les services professionnels doivent miser sur l'intervention, sur une recherche de solutions, sur la mise en place de stratégies favorisant la motivation et le développement d'attitudes positives. À leur avis, une portion de temps beaucoup moins grande doit être consacrée à l'évaluation diagnostique au profit de l'intervention rééducative. Une telle orientation nécessite un changement de cap dans les pratiques de certains intervenants et des mises à jour importantes sur le plan de la formation continue.

Avec les nombreuses restrictions budgétaires dans les services aux élèves présentant des difficultés, est-il réaliste de compter sur de tels services pour favoriser la réussite scolaire et sociale et améliorer les relations entre la famille et l'école ? Ces services interviennent davantage en situation de crise et d'urgence et lorsque le développement de l'enfant est très perturbé. Certains élèves vivent des situations socio-familiales nuisant grandement à leurs apprentissages et, parfois, les rendant même impossibles. Le rôle joué par les personnes-ressources et leurs interventions devraient alors favoriser l'élaboration et l'application de plans d'intervention adaptés aux besoins de ces élèves.

Les possibilités d'aide à certains enfants vivant des situations difficiles sont maximisées par la collaboration entre les différents intervenants. Leur travail contribue aussi à établir des relations positives entre la famille, le milieu social et l'école. Dans la perspective d'une approche systémique, leur rôle consiste principalement à être des éclaireurs, des guides, et à mettre en place, chacun selon ses compétences respectives, les conditions favorables à l'apprentissage et à la réussite scolaire.

L'aide par *les pairs* représente aussi une ressource non négligeable. Les enfants possèdent des capacités et des savoir-faire différents et adaptés à leurs réalités et à leurs besoins. Ils disposent de moyens et de mots simples auxquels les intervenants adultes, bien souvent, n'ont pas recours. L'aide entre pairs profite tant à l'aidé qu'à l'aidant. Il suffit d'observer et d'écouter quelques élèves pour comprendre l'importance de leurs actions et des apprentissages qu'ils réalisent. Une approche favorisant l'apprentissage coopératif amène d'ailleurs une diminution des difficultés d'apprentissage chez les enfants. À cet égard, un article écrit par Elizabeth Coelho (1988), intitulé «Apprentissage coopératif et réussite scolaire», démontre bien les effets positifs de cet apprentissage : «L'apprentissage coopératif réduit l'écart entre les élèves forts et les élèves faibles, […] sans pour autant diminuer le rendement d'aucun élève.»

Robert Slavin (1983) note également une amélioration remarquable du rendement scolaire des élèves qui éprouvent des difficultés lorsqu'ils se trouvent dans un milieu scolaire où l'apprentissage coopératif est privilégié.

> L'élève est le maître d'œuvre de sa réussite, mais il a besoin du soutien de chaque intervenant pour atteindre son objectif. La réussite scolaire se construit en équipe!

CHAPITRE 3

DES MOYENS POUR PRÉVENIR LE REDOUBLEMENT

Pierre-Luc fera-t-il partie du 15 % des élèves à qui la mesure du redoublement profite ?

Une réflexion en équipe permet de trouver une réponse à cette question, et de cette réponse découle toute une série d'autres interrogations. Mais, avant de répondre à ce questionnement, l'équipe doit d'abord évaluer la situation de l'enfant et ses caractéristiques. Cette évaluation doit tenir compte des aspects suivants :

- les moyens utilisés pour prévenir le redoublement ;
- les conditions dans lesquelles ces moyens ont été utilisés ;
- l'engagement des différents intervenants ;
- les caractéristiques cognitives et affectives de l'enfant ;
- la qualité de l'enseignement offert à l'enfant ;
- les solutions de rechange possibles au redoublement ;
- le contexte scolaire et ses ressources humaines et matérielles.

Selon les caractéristiques de chaque milieu, cette liste d'aspects à évaluer peut s'allonger et être adaptée à la situation de l'élève et des intervenants. Le but de l'exercice consiste d'abord à vérifier rigoureusement la situation passée tout en précisant clairement le problème lié aux difficultés scolaires de l'enfant. Une recherche de solutions, sans passer d'abord par cet exercice, risque d'entraîner les intervenants vers des décisions peu satisfaisantes pour l'élève.

Si, après avoir complété cet exercice, l'ensemble des intervenants considère que les aspects analysés ont offert à l'enfant le maximum de chance de réussir son année scolaire, alors seulement une décision de redoublement pourra être envisagée. Sinon, les choix porteront sur des modifications à apporter aux aspects qui ont pu causer ou maintenir un retard dans les apprentissages de l'enfant. Le redoublement ne peut être profitable à l'élève que si les choix et le contexte ont été évalués en fonction de l'analyse des cinq premiers aspects énumérés ci-dessus.

Si une décision de redoublement est prise, des conditions de réussite liées à cette décision s'appliquent. Elles ont déjà été mentionnées dans le premier chapitre, mais rappelons-les ici brièvement :

- l'enfant accepte cette décision, la considère comme étant la meilleure pour lui et est motivé à s'engager dans un plan d'intervention adapté à ses besoins ;
- les parents acceptent aussi cette décision, croient qu'il s'agit du meilleur choix pour assurer la réussite scolaire de leur enfant et sont prêts à collaborer à l'application des moyens qui seront mis en place pour aider leur enfant ;
- l'enseignante et les ressources humaines et matérielles offrent un parcours scolaire différent à l'enfant afin qu'il poursuive ses apprentissages sans qu'il y ait répétition d'un itinéraire semblable au précédent et laissant peu de place pour des défis, et sans qu'il ait l'illusion qu'il est le *meilleur de la classe*. Cette illusion, même si elle s'explique par une amélioration possible de l'estime de soi chez l'enfant, ne lui rend pas justice.

Si une décision de promotion dans une classe supérieure est prise, quelques questions méritent aussi d'être posées et, à ces questions, il va de soi que des réponses doivent être apportées. Ces questions portent sur l'organisation des ressources humaines et matérielles, sur le choix du programme scolaire et des objectifs d'apprentissage, sur les moyens de prévenir le redoublement et sur leur mise en place, et sur l'élaboration d'un plan d'intervention adapté aux besoins de l'élève et aux réalités du milieu scolaire et familial.

La préparation d'un plan d'intervention adapté entraîne aussi son lot de questions. Dans le cas du jeune Pierre-Luc, le questionnement pourrait prendre l'allure suivante :

- Quel investissement Pierre-Luc, sa famille et l'école sont-ils prêts à y consacrer?
- Le contenu du plan d'intervention doit-il tenir compte de tous ces points : les caractéristiques cognitives et affectives de l'élève, le temps à accorder à l'enfant pour l'atteinte des objectifs, l'engagement de l'élève, des parents, de l'enseignante, de la direction et des ressources?
- L'enseignante titulaire, les autres enseignantes, la direction et les personnes-ressources à l'école donnent-elles leur assentiment au redoublement? Sont-elles prêtes à investir le temps et les ressources nécessaires à la réussite de Pierre-Luc?
- De courtes sessions de formation pour les intervenants scolaires et familiaux sont-elles nécessaires et contribueront-elles à la réussite scolaire de Pierre-Luc?
- Faut-il prévoir des activités spéciales en classe pour favoriser l'acceptation par les élèves des différences dans le rythme d'acquisition des apprentissages de chaque élève?
- Comment privilégier l'utilisation et l'application d'un programme individuel pour Pierre-Luc, favoriser le recours à des stratégies adaptées et éviter les comparaisons dans le groupe?
- Les intervenants disposent-ils des instruments nécessaires à l'évaluation diagnostique et aux interventions visant la récupération ou la rééducation?
- Quelles sont les limites au réalisme et à l'application du plan d'intervention?
- Comment favoriser une approche à la fois systémique et systématique tout en tenant compte des réalités du milieu?
- Qui seront les personnes engagées dans le processus?
- Quels sont les résultats attendus?

Ces questions représentent quelques pistes de réflexion permettant d'orienter les décisions. La quantité de questions et les nombreux aspects à considérer ne devraient pas entraîner le choix de solutions faciles qui paraîtraient moins contraignantes. Des solutions apparemment plus faciles à appliquer risquent d'entraîner des conséquences importantes pour l'enfant, tels un rendement scolaire inférieur aux attentes, une perte de motivation et une estime de soi à la baisse. C'est d'ailleurs ce que démontrent les données des recherches rapportées à l'appendice 1.

Le plan d'intervention comme outil à privilégier

Après avoir pris connaissance de l'ensemble des questions et des solutions reliées au redoublement et aux moyens préventifs, vous êtes prête pour l'action! Vous disposez des éléments relatifs aux savoirs théoriques; votre défi consiste maintenant à utiliser ces savoirs en les intégrant dans des savoir-faire.

Le plan d'intervention représente sans nul doute l'outil à privilégier pour intégrer les savoirs théoriques et pratiques. Ce plan doit être très convivial, pratique, réaliste et bien adapté aux besoins de l'enfant. Pour les élèves répondant aux caractéristiques d'identification des élèves en difficulté du ministère de l'Éducation, la *Loi sur l'instruction publique*, à l'article 96,14, prescrit le plan d'intervention comme moyen d'aider les élèves ayant des difficultés :

> *Le directeur avec l'aide des parents, du personnel qui dispense les services et de l'élève à moins qu'il en soit incapable, établit un plan d'intervention adapté aux besoins de l'élève. Ce plan doit respecter la politique de la commission scolaire sur l'organisation des services éducatifs pour EHDAA et tenir compte de l'évaluation des capacités et des besoins de l'élève faite par la commission scolaire avant son classement et son inscription dans l'école.*

Le directeur voit à la réalisation et à l'évaluation périodique.

Même si l'enfant ne présente pas un retard justifiant une identification, le plan d'intervention représente l'outil de prévention et d'intervention par excellence. L'élaboration d'un tel plan se fait d'abord avec l'enfant, sa famille, son enseignante, la direction et l'orthopédagogue. La place importante revient à l'enfant. Dans le processus d'élaboration du plan d'intervention, la première étape consiste d'abord à préparer ce plan; à la deuxième étape, l'orthopédagogue, à titre de personne-ressource, prépare un plan de rééducation.

Quelques précisions terminologiques

Avant d'aller plus loin, voyons les distinctions qui doivent être faites entre tous les types de plans, qui sont souvent confondus. Plans d'action, de services, d'intervention ou de rééducation : quelles sont les différences? *Le Nouveau Petit Robert* définit le mot «plan» comme étant un projet. Le mot «action» réfère à ce que fait quelqu'un et à ce par quoi il réalise une intention ou une impulsion. Dans l'expression «plan d'action», deux réalités sont présentes : les personnes qui agissent et les actions ou les opérations qu'elles font. Par conséquent, le plan d'action comprend le plan de services et le plan d'intervention.

Côté, Pilon, Dufour et Tremblay (1987) définissent le *plan de services* comme étant plus englobant que le plan d'intervention :

Le plan d'intervention doit être convivial, pratique, réaliste et bien adapté.

Le plan de services individualisé (P.S.I.) est un outil de planification et de coordination des services individualisés visant à assurer la continuité, la complémentarité et la qualité des services en réponse aux besoins multiples et complexes de la personne. Il implique un processus continu, révisé et modifié à intervalles réguliers (p. 161).

Selon ces auteurs, le plan de services doit viser un ensemble de buts fixés par une équipe multidisciplinaire. Dans un plan de services, les buts concernant le développement et les apprentissages, la répartition des responsabilités et les échéanciers sont spécifiés.

Dans le *plan d'intervention*, les buts concernant le développement et les apprentissages sont formulés de façon précise. À chaque but correspond un ensemble d'objectifs mesurables et observables. Le plan de services est préalable au plan d'intervention, car il précise les buts de l'intervention, tandis que le plan d'intervention décrit comment l'intervenant doit procéder pour atteindre les buts fixés dans le plan de services.

Côté, Pilon, Dufour et Tremblay (1987) spécifient clairement que le plan de services et le plan d'intervention sont deux entités distinctes, mais complémentaires :

Le plan d'intervention constitue une partie du P.S.I. ; il est un outil de travail permettant à chaque intervenant et même à plusieurs intervenants, poursuivant un même but, de coordonner leurs interventions dans une même direction tout en conservant une vision globale des besoins de la personne identifiée dans le P.S.I. (p. 77).

Le plan de rééducation est un outil de prévention efficace.

Quant au *plan de rééducation*, il est caractérisé par une démarche beaucoup plus spécifique et exige un savoir-faire appliqué quotidiennement. Il représente l'outil majeur de travail du professionnel et de l'élève. La place occupée par l'enfant dans le plan de rééducation dépend des valeurs et des croyances de la personne qui prépare le plan. Selon une croyance fondée davantage sur un paradigme d'apprentissage que sur un paradigme d'enseignement (Tardif, 1998, p. 35), le contenu et les modalités d'élaboration et d'application d'un plan de rééducation varient énormément.

Afin d'illustrer ces différents types de plans, chacun ayant son utilité et sa raison d'être, faisons une analogie avec une maison :

- le plan d'une maison représente le plan d'action ;
- le plan d'intervention peut être comparé à la structure extérieure et intérieure de la maison (murs et cloisons) ;
- la plomberie, le système de chauffage et d'éclairage, les éléments de finition (peinture, luminaires et décorations) rendent cette maison habitable et fonctionnelle ; le plan de rééducation exerce des fonctions semblables.

Toute cette terminologie peut sembler bien théorique et très peu adaptée aux réalités scolaires. Certaines verront dans celle-ci une façon de complexifier les interventions. Au contraire, une bonne compréhension des termes, des étapes et des modalités spécifiques à chaque type de plan permet une plus grande maîtrise des différents éléments qui composent un plan lors de sa planification et une plus grande efficacité dans son application.

Afin d'illustrer les différentes étapes de la démarche, appliquons-les à la situation du jeune Pierre-Luc.

Le plan d'action de Pierre-Luc

Le plan d'action de Pierre-Luc comprend les étapes suivantes :

- l'enseignante présente globalement la situation à la direction de l'école et lui expose le plus clairement possible le problème de Pierre-Luc ;
- l'enseignante et la direction précisent ensemble le but des démarches qui viendront :
    - prendre la meilleure décision possible pour Pierre-Luc (redoublement ou promotion) et lui fournir l'aide dont il a besoin ;
- l'enseignante et la direction déterminent quelques modalités d'action :
    - convoquer une rencontre et déterminer quelles personnes seront présentes ;
    - planifier le contenu de cette rencontre (ordre du jour), etc.

D'autres modalités peuvent être ajoutées, mais elles ne doivent pas empiéter sur l'étape consistant à planifier le plan d'intervention. Il s'agit ici de prévoir les grandes lignes du plan d'intervention sans encore s'attarder à son contenu.

Le plan de services et le plan d'intervention de Pierre-Luc

Le plan de services et le plan d'intervention de Pierre-Luc sont planifiés simultanément lors de la même rencontre. Le plan de services précise les buts à atteindre, les responsabilités des intervenants et les échéanciers. Il consiste à fournir un aperçu global du contenu du plan d'intervention.

Le plan d'intervention, quant à lui, précise davantage les objectifs à travailler avec Pierre-Luc, les moyens et les stratégies à utiliser pour les atteindre, les échéanciers, la durée des interventions, les critères de réussite et les étapes de la révision. Le plan d'intervention permet l'application du plan de services.

Le plan de rééducation de Pierre-Luc

Le plan de rééducation est bâti par l'orthopédagogue, en collaboration très étroite avec Pierre-Luc et son enseignante. Les parents, d'autres ressources professionnelles et parfois même des pairs peuvent aussi participer à l'élaboration et à l'application du plan de rééducation. Il représente l'outil de base et une référence quotidienne favorisant une intervention systématique et systémique. Il accompagne Pierre-Luc dans les différentes étapes de ses apprentissages, et, par conséquent, il est en constante évolution, l'ensemble de ses composantes dépendant des diverses données du milieu scolaire et familial. Durant l'application du plan de rééducation, l'évaluation est au service des apprentissages et elle ne se fait que dans le but de les réguler.

De plus, le plan de rééducation est préventif car il vise avant tout à permettre à Pierre-Luc d'évoluer dans ses apprentissages scolaires, à l'amener à élaborer divers moyens et stratégies adaptés à ses besoins, à lui faire atteindre les objectifs du programme et, ainsi, à lui éviter de redoubler une année.

Les composantes du plan d'intervention et du plan de rééducation sont en grande partie les mêmes. La distinction entre les deux ne tient donc pas à leurs composantes, mais surtout à leurs contenus et aux applications qui en découlent.

Dans la section suivante, les composantes du plan d'intervention sont présentées sans qu'elles soient distinguées de celles du plan de rééducation. Elles sont illustrées à l'aide d'applications réelles.

Les composantes du plan d'intervention

La figure 3.1[1] (voir page 38) représente un devis expérimental alors que le tableau 3.1 (voir page 39) permet d'en situer les diverses composantes. Pour éviter que ne soient oubliées certaines étapes au moment de la planification et de l'application du plan, un procédé mnémonique fort utile est présenté dans la figure 3.1. Ce procédé est composé de neuf opérations et chacune est représentée par l'une des huit lettres du mot « s'assurer » (Pérusse, 1987) et par l'apostrophe, qui représente aussi une étape importante. Cet acronyme, facile à retenir, sert d'aide-mémoire.

Ce devis expérimental tient compte des trois variables de Bloom déjà mentionnées précédemment (voir page 17). Sur la figure, elles occupent une position centrale et stratégique, car c'est autour d'elles que gravitent toutes les autres composantes du plan d'intervention. Les cercles concentriques représentent les huit opérations spécifiques à l'élaboration du plan. Ces cercles sont ouverts les uns sur les autres et ne peuvent être considérés de façon isolée. Ils illustrent l'approche systémique. Un peu comme les ondes d'une pierre lancée dans l'eau, ces cercles agissent les uns sur les autres.

Au bas de la figure, à gauche, les trois étapes du plan sont indiquées pour en rappeler les phases organisationnelles importantes. Des lettres et des chiffres sont proposés pour identifier chaque phase afin de situer les différentes étapes et de faciliter la lecture de la figure. Ces étapes et ces phases sont connues de la majorité des intervenants, aussi la présentation du plan d'un des six élèves qui devait redoubler sa première année est-elle davantage exploitée.

Les choix qui ont été faits ont été inspirés des résultats des recherches et des facteurs de réussite permettant de combler le plus possible le retard scolaire des élèves pour qui la mesure redoublement est envisagée.

---

1. Note de l'éditeur : durant ses études doctorales, l'auteure a bénéficié de l'aide de collègues et d'un professeur pour élaborer le devis expérimental d'un plan d'intervention pour prévenir le redoublement. Elle a aussi eu la possibilité de mettre à l'essai ce plan d'intervention auprès de six élèves de première année qui devaient redoubler. La présentation des élèves, le choix des instruments servant à les évaluer, à analyser leur situation respective, à planifier et à appliquer leur plan d'intervention et l'ensemble des choix méthodologiques font l'objet de tout un chapitre de sa thèse (Leblanc, 1991).

Figure 3.1 Prototype du plan d'intervention

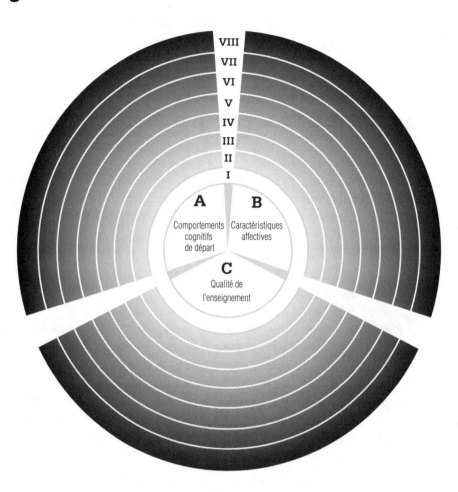

Collecte et analyse
A-B

S ituation de l'élève   (I)

' situation désirée

A nalyse de la situation de l'élève   (II)

Planification
et application
A-B-C

S élection des besoins et des objectifs   (III)

S élection des ressources   (IV)

U tilisation des ressources   (V)

Évaluation
A-B-C

R éponse de l'élève   (VI)

E valuation de l'élève   (VII)

R évision des modifications   (VIII)

TABLEAU **3.1** Composantes du plan d'intervention

Opérations spécifiques	Composantes
Situation de l'élève	• Caractéristiques cognitives et affectives
'	• Situation désirée par tous
Analyse de la situation de l'élève	• Forces et besoins prioritaires
Sélection des besoins et des compétences à travailler	• Choix des besoins prioritaires • Précisions sur les compétences et formulation de celles-ci
Sélection des ressources	• Précisions sur les composantes favorisant la qualité de l'enseignement • Méthodes d'intervention • Engagement de l'élève, des parents et des intervenants scolaires (facteur déterminant) • Stratégies et modalités d'intervention ; responsabilités • Échéanciers • Critères de réussite
Utilisation des ressources	• Application du plan tout en respectant les différentes modalités (quels moyens, quand, où, comment, qui, avec quoi)

Réponse de l'élève	• Choix de moyens pour :
	  - noter les résultats
	  - les communiquer, les conserver (portfolio)

Evaluation de l'élève	• Choix des instruments selon les critères établis • Passation de tests • Analyse des résultats • Ajustements nécessaires • Poursuite des applications
Révision du plan et modifications au besoin	• Révision de l'ensemble des modalités (ressources, stratégies, etc.) • Vérification des échéanciers • Révision des objectifs et des critères de réussite • Recommandations et ajustements nécessaires

Le plan d'intervention, étape par étape

À l'étape I, les informations nécessaires à une bonne compréhension de la situation de l'élève sont recueillies. Lindving (1983) souligne l'importance d'arriver à une telle compréhension. Une fiche de renseignements[2] (voir page 95) sert d'abord à identifier l'élève et les intervenants qui participent à la préparation et à l'application du plan. Cette fiche représente la première page d'un cahier de travail qui deviendra l'outil de base du plan.

Schuyler et Ligon (1984) recommandent de bien repérer les difficultés de l'élève dès le départ et de prévoir une planification à cet effet. La grille de planification de la collecte des informations (voir page 96) permet de noter les différents aspects à évaluer ainsi que les instruments nécessaires aux évaluations, les personnes qui en sont responsables, les échéanciers et l'endroit où cela se déroule.

Pour une planification plus efficace du plan d'intervention, Hagen (1980) suggère une rencontre entre l'enseignante responsable de l'enfant et l'élève lui-même. Cette rencontre permet à l'enseignante de relever les points forts et les besoins de l'élève, et de noter les actions qui ont déjà été effectuées ainsi que les résultats obtenus. À l'occasion de la rencontre avec l'enfant, les points forts et les besoins dont il fait part ainsi que ses réactions à la démarche d'aide proposée sont relevés. Deux grilles servent à noter les données de ces deux rencontres : rencontre avec l'enseignante responsable (voir page 97) et rencontre avec l'élève (voir page 98).

Durant la rencontre avec l'élève, ses compétences disciplinaires doivent aussi être évaluées. Comme les objectifs du plan portent principalement sur les apprentissages en français et en mathématiques, ce sont surtout les programmes d'études afférents qui doivent être considérés. La grille servant à enregistrer les données portant sur les compétences disciplinaires de l'élève est intitulée « Développement de l'élève » (voir page 99).

Les informations recueillies jusqu'à maintenant fournissent peu d'indications sur le style d'apprentissage de l'élève, sur ses comportements et sur son environnement. Bloom (1979) et Bates (1981) mentionnent l'importance de bien connaître l'élève au point de vue de son rendement scolaire, de son comportement, des facteurs environnementaux qui l'influencent et de ses caractéristiques particulières. Deux grilles de la situation de l'élève (voir pages 100 et 101) permettent de compléter l'étape I, portant sur la collecte des données.

L'étape II est consacrée à l'analyse des informations recueillies. Cette analyse se fait en équipe, laquelle comprend la direction, l'enseignante, l'élève, les parents, l'orthopédagogue et une personne-ressource, au besoin. L'orthopédagogue est désignée pour noter les points forts et les besoins de l'élève. Ces renseignements représentent les éléments de base servant à la planification du plan. Les informations recueillies sont notées sur la grille d'analyse de la situation (voir page 102).

---

2. Cette fiche ainsi que tous les outils dont il est question dans cette section sont présentés en annexe (voir pages 95 à 120).

Les étapes III, IV et V portent sur l'élaboration et l'application du plan d'intervention. Pour chacune de ces étapes, l'équipe planifie les compétences ainsi que les moyens d'action. Pour ce qui est de l'application de ces moyens, l'équipe précise les activités et les stratégies qui seront employées, les responsabilités qui seront dévolues à chacun ainsi que les moments prévus pour y procéder. Cette démarche systématique consiste donc à élaborer un plan bien adapté aux besoins de l'élève en vue de remédier aux problèmes relevés (Schuyler et Ligon, 1984 ; McAfee, 1981). Les données de ces étapes sont notées dans le tableau intitulé « Sélection des compétences et des ressources, et utilisation » (voir page 103).

Il est important de préciser que les compétences portent sur les apprentissages scolaires en lecture, en écriture et en mathématiques. Même si l'élève présente des difficultés comportementales et des attitudes très peu positives à l'égard de ses pairs et des activités de la classe, les compétences travaillées sont d'abord de nature scolaire (Bloom, 1979 ; Tardif, 1992 ; Gouvernement du Québec, 1997). Dans l'énoncé de politique éducative intitulé *L'école : tout un programme*, les grands domaines d'apprentissage disciplinaires sont les langues, la technologie, les sciences et les mathématiques, l'univers social, les arts et le développement personnel. La langue maternelle doit occuper la première place à l'école.

Souvent, le plan d'intervention porte d'abord sur des objectifs visant des modifications du comportement de l'élève et ce dernier bénéficie d'une grande attention à cause de ses comportements dérangeants, lesquels nuisent bien sûr à son engagement dans les activités scolaires. Cette décision est prise en présumant que l'élève n'est pas prêt ou n'est pas disponible pour le travail scolaire. L'élève n'est pas dupe. Il faut d'abord miser sur la réussite dans ses apprentissages scolaires et prévoir des activités et des stratégies favorisant cette réussite à tous les points de vue.

La planification doit d'abord viser la réussite scolaire.

Étant donné le retard très important de l'élève, les activités choisies en lecture, en écriture et en mathématiques favorisent principalement l'application d'un programme intensif d'entraînement. Pour chaque programme, des activités de résolution de problèmes sont prévues afin d'amener l'élève à développer ses habiletés et à s'adapter à des situations problématiques de la vie courante (Swanson, 1989 ; Bates, 1981). Les activités prévues dans le plan sont appliquées, dans l'exemple de plan d'intervention présenté en annexe (voir pages 105 à 109), en partie par un tuteur, un élève de cinquième année éprouvant lui-même des difficultés d'apprentissage. Ces différentes activités ainsi que les responsabilités et les moments d'intervention sont indiqués dans le plan d'intervention.

Tout au long de l'application du plan, l'orthopédagogue agit comme personne-ressource spécialisée et est responsable de la planification, de l'application et de l'évaluation de plusieurs activités indiquées dans le plan, de l'accompagnement à fournir au tuteur et de l'ensemble des activités rééducatives. Elle assure aussi le lien entre la famille et l'école. Elle procède par modélisation avec les différents intervenants et sollicite régulièrement la participation de l'élève en utilisant des stratégies favorisant chez lui le rappel de la tâche et les explications en ses propres mots des étapes de travail. L'élève est quotidiennement invité à proposer des activités nouvelles, à fournir les explications nécessaires à la réalisation d'une tâche, à préciser le but du travail ainsi que les objectifs poursuivis. Des stratégies d'autorégulation des apprentissages sont aussi utilisées fréquemment (Scallon, 1988). Les différentes étapes d'application du plan sont réalisées en étroite collaboration avec l'enseignante responsable de la classe.

Les étapes VI, VII et VIII portent sur l'évaluation. L'évaluation et les modalités de révision du plan sont planifiées par l'équipe, qui fixe des critères permettant de juger si les objectifs sont atteints. Les résultats sont notés dans le tableau servant à la consignation des données de ces trois étapes (réponse de l'élève, évaluation et révision du plan; voir page 104), les résultats de l'enfant sont notés après la réalisation de chacune des activités. Certaines activités sont notées quotidiennement et d'autres, hebdomadairement (Bloom, 1979).

Afin de permettre à l'élève, comme aux autres intervenants, de prendre conscience de ses progrès et d'alimenter sa motivation, il est important de noter ses réalisations et d'en conserver les résultats.

Les outils servant à la notation et à la conservation des résultats sont principalement la fiche « Mes progrès » (voir page 110), la fiche analytique (voir page 111), les fiches de compréhension en lecture (voir pages 112 et 113) et la grille d'analyse des productions écrites (voir page 114). L'élève utilise aussi d'autres grilles lui permettant de suivre ses progrès et d'alimenter sa motivation (voir pages 115 à 120). De plus, chaque vendredi (Hagen, 1980), l'enfant apporte à la maison les différents instruments utilisés durant la semaine ainsi que les travaux réalisés. Il bâtit son portfolio. L'orthopédagogue joint à ces instruments et à ces travaux des commentaires à l'intention des parents; elle informe aussi l'enseignante des progrès de l'élève, et l'engage dans le processus évolutif de ce dernier et dans la détermination des modifications à apporter au plan.

Après environ six semaines d'application du plan, l'élève, l'enseignante, les parents et l'orthopédagogue révisent les modalités d'application et adaptent les différentes composantes du plan aux besoins sans cesse fluctuants de l'élève.

'application du plan d'intervention et ses résultats

Comme cela est mentionné dans la note 1, à la page 37, le plan d'intervention présenté dans la section précédente a d'abord été mis à l'essai auprès de six élèves de première année qui devaient redoubler.

Ce plan a été appliqué tout au long de l'année scolaire des six élèves promus en deuxième année. Les enseignantes des classes de première et de deuxième année concernées par le progrès de ces six élèves ont participé à l'élaboration du plan. Son application a été faite en collaboration avec les intervenants déjà mentionnés au point précédent. Les différentes étapes et tout le processus d'élaboration du devis des plans, de leur préparation et de leur application se sont effectués dans le cadre d'une recherche-action (Morin, 1985). Les outils d'intervention ont été conçus au fur et à mesure du déroulement de la recherche.

À la fin de chaque étape, lors de la remise du bulletin scolaire à l'élève, l'ensemble des intervenants analysait les résultats, modifiait au besoin certains éléments du plan et planifiait l'étape suivante. Toutes les étapes indiquées dans le plan ont été réalisées. Il a d'abord fallu procéder à la mise à l'essai du plan afin d'en valider les principaux éléments. Le tableau 3.2 décrit ces éléments. L'orthopédagogue disposait de deux heures par semaine, une heure en français et une heure en mathématiques, pour coordonner et superviser l'application du plan.

Au début de l'année scolaire, environ deux jours ont été consacrés à la préparation de toutes les étapes du plan, à la planification des différentes interventions de chaque intervenant et à l'organisation du matériel nécessaire aux diverses applications. L'application des huit objectifs prévus dans le plan s'est faite de façon progressive. De septembre à janvier, chaque objectif a été travaillé informellement et, de janvier à juin, l'ensemble des propositions ont été appliquées systématiquement.

TABLEAU 3.2 Éléments importants de la mise à l'essai du plan d'intervention

Objectifs et activités	Approches privilégiées	Intervenants	Horaire
Lecture • Application d'un programme d'entraînement en lecture et lecture d'un petit livre	Individuelle	L'orthopédagogue, comme guide du tuteur (un élève de 5e) et les parents	20 min par jour à l'école, 15 min par soir à la maison
• Travail sur le journal de bord	Semi-collective	L'orthopédagogue	4 rencontres d'environ 15 min par semaine
Écriture • Application d'un programme d'orthographe d'usage	Semi-collective	L'orthopédagogue et les parents	Activités 3 et 4 : 10 min par jour à l'école, 10 min par soir à la maison
• Application des techniques du texte libre	Semi-collective	L'orthopédagogue et les parents	
Mathématiques • Activités en mathématiques (objectifs 5.6.7 et 8)	Semi-collective et en groupe-classe	L'orthopédagogue, l'enseignante et les parents	Chaque jour durant l'enseignement des mathématiques et 2 fois par semaine avec l'orthopédagogue (2 fois 30 min)

Le fonctionnement privilégié a été celui du travail en atelier. Les élèves étaient regroupés par trois et chaque groupe recevait l'aide de l'orthopédagogue environ deux heures par semaine. Ces deux heures n'incluaient pas les 20 minutes passées quotidiennement avec un tuteur. Les élèves disposaient des outils leur servant à inscrire leurs résultats (par exemple : fiche analytique, grille thermomètre, etc.; voir pages 110 à 120). De plus, l'orthopédagogue utilisait un tableau où les objectifs de chaque élève étaient inscrits. Ce tableau permettait aux élèves d'observer leurs progrès respectifs et aussi de se motiver entre eux.

Même si le plan a été appliqué de façon informelle entre septembre et janvier, des résultats positifs importants ont été observés chez les six élèves. L'un de ceux-ci a même progressé de façon remarquable. Il a atteint les objectifs et a pu suivre les diverses activités de la classe sans l'aide de l'orthopédagogue ou du tuteur. Il a donc été retiré du groupe des six pour être intégré dans les activités de sa classe. Chez quatre élèves, les enseignantes ont constaté un accroissement de l'attention, de la motivation et de l'intérêt; ces élèves ont été aussi mieux acceptés dans leur groupe d'appartenance. Ils ont mieux exécuté leurs travaux et sont parvenus à participer aux différentes activités proposées à l'école ou à la maison.

Cependant, pour l'un des élèves, le plan ne donnait pas les résultats escomptés. Son retard scolaire allait en s'accentuant et il ne s'intéressait pas aux différentes activités. L'équipe pouvait percevoir clairement à quel niveau se situait la cause du problème : les parents ne répondaient pas aux demandes de l'école, ne vérifiaient pas les travaux de leur enfant et ne lui offraient aucune aide. La situation de l'enfant a été évaluée. Celui-ci possédait le potentiel cognitif nécessaire à sa réussite. Il était même le plus doué parmi les six élèves évalués. Son manque de motivation, ses attitudes négatives devant la tâche à accomplir et principalement l'absence de soutien de la part de la famille l'empêchaient de progresser. Il faut savoir qu'avant de décider d'une promotion en deuxième année pour ces six élèves, une entente avait été conclue avec les parents : si le plan ne donnait pas de bons résultats à la fin de la première étape de l'année scolaire, leur enfant devrait retourner dans un groupe de première année.

> Les parents ont un rôle important à jouer dans la réussite du plan d'intervention. En sont-ils vraiment conscients? En sont-ils convaincus?

Après avoir analysé la situation avec l'enseignante responsable, l'orthopédagogue et le conseiller pédagogique, la direction a rencontré les parents et les a incités à faire un choix : étant donné qu'ils étaient les principaux intervenants pouvant favoriser le progrès de leur enfant, ils devaient faire face à l'alternative suivante :

🖐 signer une lettre dégageant l'école de toute responsabilité quant aux difficultés d'apprentissage de leur enfant, vu qu'ils n'avaient pas collaboré à l'atteinte des objectifs inscrits au plan

ou

🖐 s'engager formellement à assumer leur rôle, à respecter leur engagement et à collaborer de façon constante avec l'école.

Placés formellement devant un tel choix, les parents ont accepté de collaborer en s'engageant à consacrer au moins 30 minutes chaque soir à aider leur enfant, à réaliser les différentes tâches proposées, à signer les documents envoyés à la maison et à répondre aux demandes de l'enseignante responsable et de l'orthopédagogue. Les parents ont bénéficié du soutien de l'orthopédagogue et celle-ci s'est engagée à leur téléphoner chaque vendredi afin de leur communiquer les informations susceptibles d'aider leur enfant et de les soutenir si des difficultés particulières se présentaient au cours de la semaine.

Les résultats des six élèves ont été évalués par rapport aux points suivants :

- la participation des élèves ;
- la participation des parents ;
- la motivation des élèves ;
- les comportements personnels et sociaux des élèves ;
- le rendement scolaire des élèves en français et en mathématiques.

La participation des élèves

Selon les enseignantes, l'orthopédagogue, les parents et les élèves eux-mêmes, certaines tendances se sont imposées : les élèves manifestaient plus d'intérêt à l'égard des activités que durant leur première année. Ils exécutaient mieux leurs travaux, suivaient davantage leurs progrès et agissaient de façon plus autonome. Ils pouvaient réaliser la plupart de leurs travaux sans avoir à demander de l'aide.

La participation des parents

Tous les parents ont participé à deux rencontres au début de la préparation du plan et ont donné des suggestions de moyens à utiliser pour favoriser la participation de leur enfant. Ils ont aussi collaboré à la planification d'un programme visant à faire augmenter la motivation à l'école et à la maison. Ils signaient les travaux envoyés à la maison chaque vendredi et les retournaient le lundi suivant. Ils apportaient l'aide nécessaire à leur enfant lorsque ce dernier faisait ses devoirs et apprenait ses leçons. Les commentaires des enfants ont aussi permis de vérifier l'engagement parental.

La motivation des élèves

Selon l'appréciation des enseignantes responsables, la motivation des élèves bénéficiant d'un plan s'est beaucoup améliorée. Cette appréciation a été formulée en fonction de six aspects :

- l'engagement de l'élève dans les activités et sa participation ;
- le respect du matériel ;
- la politesse ;
- le soin apporté aux travaux ;
- la concentration sur la tâche ;
- la ponctualité.

Des commentaires tels que «plus intéressé que l'année passée», «efforts très louables», «grande amélioration», «excellente participation», «très motivé», «bonne intégration au groupe» figuraient désormais au bulletin de chacun de ces élèves.

Les comportements personnels et sociaux des élèves

À la fin de l'année précédant l'application du plan, les enseignantes alors responsables des six élèves avaient rempli un questionnaire portant sur cinq catégories différentes de comportements personnels et sociaux. Ces cinq catégories comprenaient l'affirmation de soi, le contrôle de soi, la relaxation et la détente, l'intégration sociale et les comportements acceptés et non acceptés socialement. Dans chaque catégorie, sauf celle relative aux comportements acceptés et non acceptés socialement, les enseignantes indiquaient si les comportements étaient à développer, s'ils ne requéraient aucune intervention ou si leur fréquence devait diminuer.

Les progrès les plus marquants ont été notés dans l'affirmation de soi et dans le contrôle de soi. Quant aux progrès relatifs à l'intégration sociale et aux comportements acceptés et non acceptés, ils ont été peu marqués. Les effets du plan ont donc porté davantage sur l'affirmation de soi et le contrôle de soi. Étant donné la nature des objectifs travaillés, ces résultats ne sont pas étonnants.

Le rendement scolaire des élèves en français et en mathématiques

Les objectifs principaux du plan portaient sur le rendement scolaire en lecture, en écriture et en mathématiques. À la fin de la deuxième année, tous les élèves de la classe ont été évalués avec les mêmes tests sommatifs. Ces tests ont été sélectionnés parmi ceux offerts par la Banque d'instruments de mesure (BIM) de la société GRICS. Ils ont permis d'évaluer les résultats des apprentissages à la fin de la deuxième année en lecture, en écriture et en mathématiques.

Les moyennes des résultats des élèves ayant suivi le plan et pour lesquels un redoublement avait été prévu, comparées à celles des autres élèves de la classe, ont montré des écarts négatifs de trois points en lecture et de cinq points en mathématiques. L'écart le plus marqué, 11 points, a été en écriture. Le rendement scolaire de ces élèves n'a donc pas été si déficitaire comparativement à celui du reste de leur groupe-classe. Le tableau 3.3 présente ces résultats d'une façon plus précise.

TABLEAU **3.3** Résultats aux tests à la fin de la deuxième année

Élève	Lecture	Retard pédagogique	Écriture	Retard pédagogique	Mathématiques	Retard pédagogique
1	62 %	Aucun	58 %	1 mois	75 %	Aucun
2	85 %	Aucun	78 %	Aucun	82 %	Aucun
3	74 %	Aucun	65 %	Aucun	53 %	2 mois
4	93 %	Aucun	67 %	Aucun	52 %	2 mois
5	92 %	Aucun	73 %	Aucun	76 %	Aucun
6	59 %	1 mois	59 %	1 mois	80 %	Aucun
Moyenne du groupe des six élèves	78 %		67 %		70 %	
Moyenne de la classe	81 %		78 %		75 %	
Écarts	-3 %		-11 %		-5 %	

À la fin de cette première année d'application du plan, l'équipe engagée au départ dans le processus a évalué l'ensemble des résultats et les données relatives aux plans d'intervention. Elle a formulé quelques recommandations et décidé de conserver et de transmettre les éléments suivants aux intervenants qui avaient à assumer la continuité des interventions auprès de ces élèves promus en troisième année :

- renseignements généraux au sujet de chaque élève ;
- informations sur l'organisation du plan d'intervention ;
- informations relatives à l'évaluation ;
- analyse de la situation ;
- recommandations relatives aux priorités futures.

Les résultats obtenus démontrent que, pour ces six élèves, l'application du plan d'intervention selon les conditions présentées précédemment a représenté un outil permettant de prévenir le redoublement et, par conséquent, favorisant la réussite scolaire des élèves. Qu'est-il arrivé à ces six élèves durant leur troisième année et quelle continuité a-t-on donnée au plan d'intervention ?

Oui! Le plan d'intervention permet de prévenir le redoublement!

En septembre de l'année suivant l'application du plan d'intervention, de nombreux problèmes sont survenus, perturbant grandement la poursuite du plan. Les enseignantes de troisième année ont refusé de consulter le plan d'intervention sous prétexte qu'elles avaient un trop grand nombre d'élèves inscrits dans leur classe (30 élèves) et qu'elles n'auraient pas de temps à consacrer à la préparation et à l'application d'un plan d'intervention. Elles croyaient que si des élèves avaient des besoins particuliers, ils devraient alors reprendre leur année étant donné les conditions de travail existant dans le monde de l'éducation.

De plus, un changement est intervenu dans la tâche de l'orthopédagogue et du conseiller pédagogique, et la directrice de l'école s'est absentée fréquemment, de sorte qu'elle n'a pu que difficilement assumer son rôle de leader et d'animatrice pédagogique. La prise en charge du plan et, par conséquent, la continuité dans les interventions ont donc été interrompues entre septembre et janvier.

Des impondérables (changement de poste, surcharge de travail, absentéisme, etc.) peuvent entraver la poursuite du plan d'intervention. Comment réagir pour éviter que ces impondérables ne viennent compromettre la réussite de l'élève?

Un problème d'éthique s'est alors posé : la réussite scolaire des élèves qu'on avait aidés était compromise et l'éventualité d'une reprise d'année devenait de plus en plus probable. Une rencontre avec la direction, les parents, les enfants, les enseignantes, l'orthopédagogue et le conseiller pédagogique a donc été organisée en janvier.

Après avoir analysé les résultats des six élèves, les intervenants ont constaté qu'ils avaient accumulé un retard plus marqué en mathématiques. Par ailleurs, à ces six élèves se sont ajoutés quatre autres élèves qui éprouvaient des difficultés semblables dans cette matière. Des objectifs et des activités visant à offrir une récupération et une rééducation intensive, principalement en mathématiques, ont donc été planifiés. Le plan d'intervention a été élaboré dans le respect des différents éléments retenus au cours des applications de l'année précédente. L'approche à la fois systémique et systématique et la classe-atelier en enseignement semi-collectif ont été maintenues.

Les six élèves ont reçu six à huit heures d'aide par semaine en mathématiques. La lecture et l'écriture n'ont pas fait l'objet d'un plan formel. L'orthopédagogue est intervenue en regroupant les élèves en classe-atelier à raison d'une heure par jour. Le reste du temps accordé à l'aide aux élèves a consisté en des activités à réaliser avec des tuteurs, trois fois par semaine, durant 20 minutes chaque fois, et en des travaux à réaliser à la maison.

À la fin de l'année, le rendement scolaire des élèves a été évalué en lecture, en écriture et en mathématiques. Le choix des examens synthèses, leur passation et l'analyse des résultats ont été effectués de la même façon qu'en juin de l'année précédente. Le tableau 3.4 indique les résultats des six élèves aux tests de lecture, d'écriture et de mathématiques, le retard pédagogique de chaque élève dans chaque matière, les moyennes de la classe et du groupe des six élèves, et les écarts entre ces deux moyennes.

TABLEAU **3.4** **Résultats aux tests à la fin de la troisième année**

Élève	Lecture	Retard pédagogique	Écriture	Retard pédagogique	Mathématiques	Retard pédagogique
1	20 %	7 mois	30 %	6 mois	73 %	Aucun
2	33 %	6 mois	34 %	6 mois	63 %	Aucun
3	14 %	9 mois	35 %	6 mois	43 %	3 mois
4	50 %	2 mois	48 %	2 mois	58 %	1 mois
5	44 %	3 mois	47 %	2 mois	74 %	Aucun
6	20 %	7 mois	38 %	4 mois	86 %	Aucun
Moyenne du groupe des six élèves	30 %		39 %		66 %	
Moyenne de la classe	62 %		61 %		76 %	
Écarts	-32 %		-22 %		-10 %	

Le rendement des élèves en mathématiques a été, finalement, nettement supérieur à celui observé en lecture et en écriture. Cela signifie que l'application d'un plan d'intervention en fonction d'une approche systémique et systématique permettrait d'améliorer le rendement scolaire des élèves et de prévenir le redoublement. Puisque le retard scolaire est la principale cause du redoublement (Robitaille-Gagnon et Julien, 1994), ce plan offre une solution prometteuse : en effet, les résultats obtenus par ces six élèves semblent indiquer que le plan d'intervention adapté permet de prévenir ou de combler les retards scolaires. Il faut cependant faire preuve de vigilance, car les élèves susceptibles d'éprouver des difficultés d'apprentissage demeurent fragiles et ont besoin d'être soutenus dans leurs apprentissages. Même si les six élèves concernés ont obtenu des résultats satisfaisants à la fin de leur deuxième année, les recommandations inscrites dans le plan d'intervention allaient dans le sens d'une poursuite de l'aide en troisième année. Rappelons que les différents outils utilisés avec ces six élèves et le plan d'intervention particulier à l'un d'eux sont présentés en annexe. Le chapitre suivant porte sur les conditions de réussite du plan d'intervention.

Un plan d'intervention qui privilégie une approche à la fois systémique et systématique permettrait d'améliorer le rendement scolaire des élèves et de prévenir le redoublement.

CHAPITRE 4

LE PLAN D'INTERVENTION : LES CONDITIONS POUR ASSURER SA RÉUSSITE

La réussite du plan d'intervention dépend en grande partie du respect des conditions reliées à l'organisation et des conditions reliées aux aspects pédagogiques du plan. L'ordre de présentation ne présuppose pas une priorité des premières sur les dernières.

Sept conditions peuvent assurer la mise sur pied d'une organisation permettant la réussite du plan d'intervention. Vous pourrez sans doute établir des priorités parmi celles-ci et en ajouter selon votre expérience, les intervenants concernés et les besoins du milieu. Ces conditions sont les suivantes :

- une approche systémique;
- une participation active des différents intervenants;
- la définition des responsabilités et des tâches;
- une compréhension commune du plan d'intervention;
- une application progressive du plan;
- le leadership assumé par une personne;
- la motivation des intervenants.

Une approche systémique

Comme cela a été mentionné dans le chapitre précédent, il est important d'adopter une approche systémique. Le processus de cette approche s'apparente aux étapes présentées dans la figure suivante.

Figure 4.1 Processus d'une approche systémique

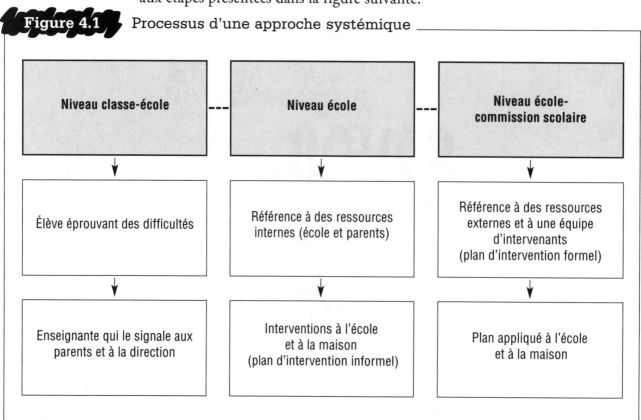

Cette figure présente six niveaux de ressources humaines : l'élève, l'enseignante, la direction, les parents, les ressources internes (orthopédagogue, personnel de soutien, etc.) et les ressources externes (psychologue, travailleuse sociale, orthophoniste, etc.).

L'approche systémique est caractérisée par le fait qu'au moment de la collecte des informations, lors de la sélection des besoins prioritaires de l'élève, de la planification, de la présentation et de l'évaluation du plan d'intervention, chaque niveau de ressources humaines est concerné. Ces différentes étapes exigent peu de temps lorsque la planification est bien coordonnée et que les intervenants ont en main les outils nécessaires à l'élaboration du plan d'intervention.

Une bonne coordination permet des économies de temps et assure à chacun une participation optimale.

Une participation active des différents intervenants

Réunir différents intervenants autour d'une table en vue d'élaborer un plan d'intervention pour un élève qui éprouve des difficultés scolaires ne garantit pas nécessairement la réussite de ce plan. Chaque intervenant est invité à participer activement. Cette participation doit se traduire par un engagement spécifique à tous les niveaux de l'intervention. Les personnes concernées doivent transmettre les informations nécessaires à la préparation de l'analyse de la situation de l'élève et à la planification de son plan.

La participation des parents et leur perception de l'école influent beaucoup sur les réactions émotionnelles de leur enfant. Quand ils jouent un rôle actif, s'engagent sérieusement dans une recherche de solutions et collaborent positivement, ils modifient favorablement les réactions de leur enfant.

Pour que les personnes concernées puissent participer activement, il faut, quelques jours avant la rencontre, qu'elles reçoivent l'invitation à la rencontre et que cette invitation soit accompagnée de la proposition du déroulement. Les personnes ont ainsi le temps de recueillir les données nécessaires sur la situation de l'élève. Sans cette préparation préalable, le risque est très grand qu'il y ait des pertes de temps durant le déroulement de la rencontre et que même une deuxième rencontre soit nécessaire pour compléter le plan d'intervention. Il arrive parfois même que l'enseignante ou l'orthopédagogue soit convoquée seulement 15 minutes avant la rencontre et, par conséquent, qu'elle se présente les mains vides. La rencontre est alors interrompue à tout moment car l'enseignante ou l'orthopédagogue doit aller chercher les documents requis dans son local (par ex. : travaux, bulletins, communiqués, etc.).

Rappelons que chaque personne participe dans le but de trouver des solutions permettant d'élaborer un plan adapté aux besoins de l'élève. Ce dernier participe aussi de façon très active ; non pas comme observateur, mais bien comme participant à part entière. Il est aussi invité à apporter des travaux ou d'autres outils pouvant aider à la prise de décision. À cet égard, le recours à un portfolio peut rendre grandement service.

La définition des responsabilités et des tâches

Certaines démarches favorisent la réussite des diverses étapes menant à l'élaboration ou à l'implantation d'un plan d'intervention : un appel téléphonique à un intervenant, l'envoi d'une invitation écrite accompagnée des renseignements pertinents et l'attribution d'une tâche spécifique.

La direction assume le leadership et elle prend la responsabilité des invitations à la rencontre, de la préparation du déroulement de cette rencontre ainsi que de l'envoi des informations aux différentes personnes concernées. Elle agit en concertation avec l'ensemble des participants tout en assurant la coordination des opérations. Elle sollicite l'aide de personnes-ressources et s'assure que le plan est appliqué et évalué périodiquement. Lors des rencontres, elle délègue à un participant la responsabilité d'agir comme secrétaire et désigne une personne pour rédiger le plan d'intervention. Elle peut, si elle n'est pas disponible, déléguer ses responsabilités à une autre personne.

Les autres personnes concernées collaborent à la planification et à l'application du plan. Elles s'engagent à respecter ses orientations, selon les stratégies indiquées, selon la planification des tâches et des responsabilités, selon les échéanciers et selon les orientations du projet éducatif de l'école et les priorités de la famille. Une définition précise des responsabilités et des tâches contribue à la réussite de la planification et de l'application du plan d'intervention.

Une compréhension commune du plan d'intervention

Une fois le plan d'intervention rédigé, tous les intervenants engagés doivent en avoir une compréhension identique. Ce plan doit donc être précis et sans ambiguïté, et ne permettre aucune interprétation subjective. Une attention particulière doit être portée à la formulation des objectifs afin qu'ils soient compris de la même façon par tous les intervenants. De plus, ces objectifs doivent être observables et mesurables, comme le mentionnent Côté, Dufour, Pilon et Tremblay (1987) : «Lorsqu'un objectif décrit un comportement observable et mesurable, on est certain que toutes les personnes impliquées auront la même compréhension de ce qui est attendu» (p. 96).

Une application progressive du plan

Une application progressive des activités et des stratégies d'intervention permet aux enseignantes, aux élèves, aux parents et aux personnes qui offrent une aide directe à l'élève d'assumer petit à petit leurs responsabilités et d'exécuter adéquatement leurs tâches.

À l'occasion des rencontres pour analyser la situation de l'élève et élaborer son plan d'intervention, on peut facilement énumérer plusieurs démarches pédagogiques conduisant à des solutions. Mais la volonté de vouloir tout changer en

Rappelez-vous la fable du lièvre et de la tortue. Parfois, il vaut mieux progresser lentement plutôt que de courir sans atteindre ses objectifs.

même temps et la poursuite simultanée d'un trop grand nombre de cibles de travail peuvent devenir une cause d'échec dans l'application d'un plan d'intervention.

Les résultats des recherches en pédagogie de la maîtrise et les propositions pour assurer la réussite des apprentissages incitent à procéder graduellement dans la poursuite des objectifs (Allal, 1988 ; Bloom, 1984 ; Cardinet, 1988 ; Grisay, 1988 ; Huberman, 1988 ; Perrenoud, 1988 ; Rieben, 1988). Il est parfois préférable de retarder l'application de certains éléments du plan d'intervention afin de s'assurer que l'implantation se fasse lentement mais sûrement.

Le leadership

Parmi les conditions reliées à l'organisation, le rôle joué par le leader est d'une grande importance. Comme cela a déjà été mentionné, la direction d'école est toute désignée pour assurer ce leadership. Si elle ne peut assumer cette fonction, elle peut la confier à un membre de l'équipe.

Le leader prend en charge les démarches de la planification, de l'application et de l'évaluation du plan d'intervention. Il rappelle, au besoin, certaines obligations aux intervenants ; il prévoit, analyse et modifie les modalités, selon les besoins évolutifs.

Le leadership est assumé par un intervenant qui possède des qualités de meneur, d'animateur et de collaborateur. De plus, le leader doit assurer les membres de son équipe de sa disponibilité.

La motivation des intervenants

La septième condition est fondamentale. La motivation représente un ingrédient de base essentiel au succès du plan d'intervention. Selon Bloom (1979), la motivation de l'enfant lui permet d'obtenir au moins 25 % de plus dans ses résultats scolaires. La motivation est un facteur humain déterminant dans l'élaboration et l'application du plan (Côté et Bélanger, 1986). Il faut donc être sensible à ce facteur car il conditionne la réussite du plan.

Comme dans toute chose, la motivation de chacun est un des moteurs de la réussite.

Pour entretenir et alimenter cette motivation, le leader doit posséder des connaissances intuitives sur les intervenants. Il doit considérer leur motivation comme une condition favorisant un meilleur rendement et la persistance dans la poursuite des objectifs indiqués dans le plan.

Le leader favorise le développement d'attitudes positives chez les intervenants pour que ces derniers ne se laissent pas affecter par des facteurs connexes comme un nombre trop élevé d'élèves dans la classe, un local trop petit, l'absence de budget et de personnel, et le peu de disponibilité des personnes-ressources. Ces facteurs peuvent devenir des obstacles majeurs à l'application du plan et il ne faut pas négliger de remédier aux difficultés qu'ils entraînent. Le leader et tout autre membre de l'équipe peuvent jouer un rôle de soutien à la motivation des membres de l'équipe.

es conditions reliées à la pédagogie

Il ne suffit pas de respecter les sept conditions relatives à l'organisation déjà citées pour assurer la réussite du plan d'intervention. À celles-ci s'ajoutent sept autres conditions d'ordre pédagogique. L'ordre de leur apparition dans le texte ne doit pas être considéré comme un facteur décroissant d'importance.

Ces conditions sont les suivantes :

- la connaissance et une analyse précise de la situation de l'élève ;
- une sélection judicieuse des compétences ;
- une sélection réaliste des ressources ;
- une utilisation rigoureuse des ressources ;
- une application rigoureuse du plan d'intervention ;
- une évaluation régulière de l'élève et le choix de moyens pour noter, communiquer et conserver les résultats ;
- la révision et la modification du plan d'intervention.

La connaissance et une analyse précise de la situation de l'élève

Avant de procéder à l'élaboration du plan d'intervention, il est très important de recueillir les informations nécessaires à une bonne connaissance de la situation de l'élève. La direction de l'école ou la personne qui assume le leadership demande à chaque intervenant concerné de préparer ces informations.

L'étape de la collecte des renseignements doit être effectuée avec beaucoup de rigueur car elle fournit les éléments essentiels à la connaissance et à l'analyse de la situation de l'élève. Lorsque l'on possède une connaissance précise de l'élève, il est alors possible d'analyser plus précisément ses besoins prioritaires et, par conséquent, d'adapter le plan d'intervention en fonction des besoins réels déterminés.

Une sélection judicieuse des compétences

Le choix des compétences qui seront travaillées à l'aide du plan d'intervention doit découler directement des besoins prioritaires de l'élève : il doit donc être judicieux. On doit aussi planifier les compétences en respectant quelques conditions. Il faut donc :

- tenir compte des caractéristiques cognitives et affectives de l'enfant ;
- définir les compétences en les distribuant clairement dans les différents contenus diciplinaires (lecture, écriture, mathématiques, etc.) ;

- s'en tenir à un maximum de trois compétences par contenu ;
- planifier des compétences susceptibles d'être atteintes à court terme, c'est-à-dire selon un échéancier ne dépassant pas un mois ;
- formuler des compétences claires, précises, observables et mesurables (éviter l'utilisation de verbes trop généraux comme « comprendre », « se sentir à l'aise », « améliorer », « progresser », etc.) ;
- éviter d'utiliser deux verbes dans un énoncé ou de jumeler deux compétences ;
- indiquer, pour chaque compétence, des critères précis d'évaluation.

Rappelons ici l'importance de sélectionner des compétences reliées aux programmes d'études. Dans le choix des stratégies et des activités, on peut prévoir des moyens ou des outils favorisant des interventions rééducatives visant l'amélioration des attitudes et des comportements de l'élève.

Une sélection réaliste des ressources

Après avoir précisé les compétences, il convient de sélectionner les ressources humaines et matérielles nécessaires à leur poursuite. Il ne serait pas juste pour l'enfant de sélectionner des compétences uniquement en fonction des ressources humaines et matérielles disponibles. Un choix pertinent et réaliste de ces ressources assure cependant une plus grande crédibilité au plan d'intervention.

Il faut donner à l'enfant les moyens de réussir : la sélection des ressources doit donc être faite en fonction des besoins réels de l'élève.

Les ressources doivent donc être choisies en fonction des besoins de l'élève et non en fonction de leur disponibilité. De plus, il faut assurer une action continue, prévue à l'échéancier. Il faut aussi s'assurer que les ressources humaines possèdent les compétences professionnelles leur permettant de répondre adéquatement aux besoins de l'élève. Si ce n'est pas le cas, il faut recourir à l'intervention d'une personne-ressource de l'extérieur qui pourra offrir un soutien et, éventuellement, une formation continue aux personnes ayant le mandat d'appliquer le plan d'intervention.

Le choix des ressources matérielles dépend des contenus d'apprentissage et non pas de ce qui se trouve déjà dans la salle de classe ou dans le local de l'orthopédagogue. Si ce matériel correspond aux compétences indiquées dans le plan, c'est bien, sinon, une recherche de moyens didactiques s'impose.

Le matériel choisi doit être précis, gradué, attrayant et varié. De plus, il doit être synchronisé avec les compétences prévues au plan et avec ce que l'enfant utilise en classe. Il doit viser à donner du sens aux apprentissages et permettre à l'élève de résoudre des problèmes.

Une utilisation rigoureuse des ressources

Comme les ressources humaines et matérielles ont été sélectionnées de façon réaliste et avec l'assurance qu'elles seraient disponibles et qu'elles permettraient une action continue, seuls des facteurs incontrôlables peuvent provoquer des modifications dans leur utilisation.

Une application rigoureuse du plan pendant six semaines permet généralement de constater des progrès.

Tout changement dans l'utilisation des ressources devrait être précédé d'une évaluation de l'application du plan d'intervention par l'équipe des intervenants. Il faut prévoir une application d'environ six semaines avant de modifier certains éléments du plan. Il devient très difficile d'évaluer l'efficacité et la justesse des ressources humaines et matérielles si on procède par essais et erreurs sans tenir compte des critères importants de réussite du plan, c'est-à-dire une application systématique et systémique. La rigueur représente donc une condition importante contribuant à l'efficacité du plan et, par conséquent, au progrès de l'élève.

Une application rigoureuse du plan d'intervention

Après avoir investi temps et énergie dans la préparation d'un plan d'intervention, il serait illogique de ne pas en assurer une application rigoureuse. Le respect de cette condition, ainsi que celui des trois précédentes, influent grandement sur la qualité de l'enseignement. Forget, Otis et Leduc (1988) affirment que, «dans la vie réelle, les expériences d'apprentissage sont mal programmées ou laissées au hasard, ce qui donne des résultats décevants» (p. 215).

Les personnes engagées dans l'application du plan doivent faire preuve de patience et éviter de succomber à la tentation de modifier leurs interventions si les résultats semblent se faire attendre…

Les personnes engagées dans l'application du plan d'intervention doivent respecter la planification prévue : temps, fréquence, local, matériel à utiliser et stratégies d'intervention. Cette utilisation rigoureuse dure tant qu'une évaluation de l'application du plan n'a pas eu lieu. Cela évite des mises à l'essai trop brèves qui ne permettent pas de vérifier l'efficacité des interventions et des stratégies. Cela évite également de passer d'une action à l'autre sans succès. Lorsqu'il y a de l'instabilité dans les moyens utilisés, des enseignantes mentionnent souvent avoir tout essayé sans obtenir de résultat probant. Une grande rigueur dans l'application des moyens permet une bonne progression vers l'atteinte des objectifs.

Une évaluation régulière de l'élève et le choix des moyens pour noter, communiquer et conserver les résultats

Les critères de réussite, les moyens utilisés pour évaluer l'élève et les moments précis des différentes évaluations sont indiqués dans le plan d'intervention et doivent être respectés. La formulation des critères de réussite, l'évaluation des apprentissages, la notation, la communication et la conservation des résultats sont autant d'étapes qui doivent être réalisées formellement et pour lesquelles les échéanciers et les instruments nécessaires doivent être prévus.

Les informations recueillies lors de l'évaluation de l'application du plan d'intervention permettent de modifier celui-ci. Dans cette optique, on peut donc adapter certaines données, ajouter des objectifs ou simplement interrompre le plan.

Il importe de privilégier des instruments facilement utilisables : grilles, histogrammes, brefs communiqués, etc. Une participation très active de l'élève dans la notation, la communication et la consignation de ses résultats dégage l'enseignante et l'orthopédagogue d'une tâche cléricale et permet à l'élève de s'impliquer davantage. De plus, les communications écrites envoyées chaque semaine aux parents, avec demande de signature, influencent positivement les résultats des élèves.

> Donner à l'élève une part de responsabilité dans la notation, la communication et la consignation des résultats est un bon moyen de le responsabiliser, de décharger l'enseignante et l'orthopédagogue d'une tâche administrative.

La révision et la modification du plan d'intervention

Généralement, une révision mensuelle, ou après six semaines d'application, du plan d'intervention est suffisante. Cette révision s'effectue lors d'une rencontre où les intervenants œuvrant directement auprès de l'enfant sont invités. Si cette rencontre est bien planifiée et dirigée de façon rigoureuse, elle ne devrait pas durer plus d'une heure. Elle peut ne pas regrouper tous les partenaires. Elle peut se faire uniquement avec l'enfant, l'enseignante et l'orthopédagogue. Comme cette démarche produit un effet régulateur, la présence de l'enfant est toutefois très importante. La présence des parents est aussi souhaitable.

Chaque intervenant, y compris l'enfant, évalue les applications du plan en utilisant la stratégie recommandée par Scallon (1988) : «recourir autant que possible à des " ce qui devrait être ", qui correspondent aux balises d'une progression » (p. 37). Les résultats sont notés sur une fiche prévue à cette fin et, au besoin, les modifications au plan d'intervention sont précisées.

Le respect de toutes ces conditions portant sur l'organisation et sur les aspects pédagogiques ne garantit pas pour autant la réussite du plan d'intervention. Les attitudes positives des intervenants influencent beaucoup leur participation active et leur motivation et, par conséquent, le bon fonctionnement du plan.

Des attitudes telles que la confiance dans les personnes engagées et dans les actions planifiées de même que la disponibilité, la persévérance et l'ouverture d'esprit contribuent aussi au bon fonctionnement du plan. Il appartient au responsable du plan de favoriser le développement de telles attitudes en organisant des séances de formation continue ou en planifiant des rencontres d'échanges entre les intervenants. La communication entre les intervenants représente un ingrédient essentiel au déroulement harmonieux du plan d'intervention (Lepard, 1986). Tous les intervenants doivent être familiarisés avec les différentes étapes du plan, car son succès «*depends on a high level of understanding and knowledge of the program*[1]» (p. 6). Cette compréhension et cette connaissance se développent à l'aide de la communication.

Privilégier le développement d'attitudes productives et favoriser une saine communication, voilà qui est essentiel!

Des réflexions comme celles ci-dessous mettent un frein important à l'élaboration et à l'application d'un plan d'intervention :

👋 «Je n'ai pas le temps de planifier un tel plan juste pour deux ou trois élèves. »

👋 «Je ne veux pas m'engager dans d'interminables et de nombreuses rencontres. »

👋 «Je doute que les parents croient en nos moyens et qu'ils participent. »

👋 «J'ai tout essayé et je ne crois pas en l'efficacité d'un tel plan. »

Ces réflexions représentent des obstacles majeurs et, pour atténuer leurs effets négatifs, il faut favoriser les échanges et les discussions en vue de chercher des solutions possibles, de faire connaître les résultats des recherches et de travailler en équipe-école afin qu'un climat d'entraide s'établisse et que chacun se sente solidaire des autres dans la recherche de solutions.

La section suivante propose un scénario permettant à la direction de l'école ou à d'autres intervenants d'animer des rencontres visant une réflexion et une recherche de solutions liées à la problématique du redoublement. Ce scénario a été préparé en misant sur une formation continue et sur le transfert de savoir-faire. Il a été appliqué à plusieurs reprises.

---

1. Traduction libre : « est fortement lié à leur compréhension et à leur connaissance du programme ».

Un scénario pour une formation continue

Le scénario proposé ici[2] inclut tous les éléments nécessaires à l'animation de rencontres visant une réflexion et une recherche de solutions liées à la problématique du redoublement. Chaque intervenant peut s'inspirer de ces éléments et sélectionner ceux correspondant le mieux au contexte et aux besoins des participants.

La description de la démarche

La démarche proposée lors de l'animation consiste d'abord à connaître les résultats des recherches sur le redoublement et à situer les pratiques de l'équipe d'intervenants par rapport à ces résultats. Elle vise ensuite à déterminer clairement les attitudes, les valeurs, les croyances et les choix préconisés par les intervenants et à évaluer leurs actions en les comparant à celles d'autres intervenants et à celles rapportées dans les études. Une grande partie de la démarche porte sur la recherche de solutions, sur le partage d'expériences de réussite scolaire, sur la détermination des facteurs importants de la réussite, sur les stratégies gagnantes, sur la récupération, sur la rééducation et sur les références et les outils de travail.

Les objectifs

Les objectifs poursuivis dans les séances de formation proposées dans ce scénario devraient permettre de répondre aux questions suivantes :

- Comment prévenir le redoublement et aider les redoublants ?
- Quelles interventions doit-on privilégier ?
- Quels moyens doit-on utiliser pour favoriser la réussite scolaire de l'ensemble des élèves ?

Tout au long du déroulement des rencontres, l'animateur favorise une démarche concertée entre les participants et cette démarche doit être adaptée aux besoins du milieu concerné et aux réalités des participants.

Le contenu

Ce scénario comprend trois aspects importants reliés aux actions des participants et à leurs décisions, et visant la réussite scolaire des élèves. Ces aspects sont :

- leurs connaissances sur le redoublement ;
- leurs attitudes, en lien avec leurs valeurs et leurs croyances ;
- leurs habiletés à intervenir et à utiliser des outils appropriés.

---

2. Note de l'éditeur : l'auteure a élaboré ce scénario en collaboration avec une équipe de professionnels comprenant Pauline Danis, Lisette Nadeau-Dutilly, Roch Bérubé, Jeau-Guy Carpentier et Roger Gagnon (août 1997). Elle a par la suite validé et enrichi les éléments de ce scénario en l'expérimentant auprès d'équipes d'enseignants, de directeurs d'école et d'administrateurs scolaires.

> *Chacun possède des connaissances, des habiletés, des croyances et des valeurs dont il faut tenir compte dès le départ.*

Cette proposition de contenu doit être adaptée aux demandes des intervenants qui désirent participer à une formation sur le redoublement. Tout en conservant l'ensemble des éléments relatifs aux connaissances, aux attitudes et aux habiletés, cette formation peut prendre différentes formes : dîner-causerie, session d'une demi-journée ou d'une journée ou, idéalement, deux sessions d'une durée d'une journée chacune.

Il est aussi possible d'appliquer ce scénario en regroupant des représentants de différentes commissions scolaires sur une base régionale. Ces représentants participent à la session de formation et assurent ensuite la formation dans leur milieu respectif.

Le tableau 4.1 présente une proposition basée sur trois étapes de réalisation. Il faut noter que ces trois étapes ne sont pas linéaires. Des modalités d'organisation différentes peuvent être envisagées selon les besoins et les réalités des différents milieux.

TABLEAU 4.1 Propositions de différentes modalités de formation

Première étape : session régionale et ressource régionale

Une personne responsable du dossier du redoublement est désignée dans chaque commission scolaire. Cette personne participe à une session d'une durée de deux jours. À la suite de cette session, elle est invitée à animer des ateliers de formation dans sa commission scolaire. Il est bien sûr possible que les commissions scolaires désignent plus d'une personne.

Deuxième étape : session de la commission scolaire et ressource de la commission scolaire

Il est possible à la personne qui a participé à la session de deux jours de la première étape d'animer la formation du personnel de sa commission scolaire. Les participants peuvent être, dans un premier temps, les directeurs et, dans un deuxième temps, les enseignantes désignées pour animer la formation dans leur école. Dans cette deuxième étape, l'animateur peut, s'il le désire, bénéficier d'un soutien pédagogique offert par la personne responsable de la première étape.

Troisième étape : session de l'école et ressource de la commission scolaire

À cette étape, la formation sur le redoublement est offerte au personnel de l'école. L'animation est prise en charge par la directrice de l'école ou par une enseignante qui a participé à la deuxième étape. La personne qui anime cette formation peut s'adjoindre une personne-ressource ou demander l'aide du responsable de l'animation de la première étape.

Le matériel servant à l'animation

Dès la première étape, le matériel servant à l'animation est remis aux participants, tout comme les références et les outils servant aux interventions préventives. À la fin des trois étapes, chaque participant dispose des propositions de déroulement des rencontres et du matériel nécessaire à chaque session. Cependant, chaque personne responsable de l'animation est invitée à adapter le déroulement proposé ainsi que le matériel aux réalités et aux besoins de son milieu.

Le déroulement proposé

Le déroulement proposé permet d'inclure les trois éléments essentiels de la formation, c'est-à-dire les connaissances, les attitudes et les habiletés. Même si le scénario proposé semble linéaire et morcelé, il est préférable d'amalgamer les trois éléments tout au long du déroulement des sessions de formation. Les pages suivantes illustrent un scénario possible d'animation échelonné sur deux jours.

La première journée sert à mettre à jour les connaissances portant sur la problématique du redoublement et à réfléchir sur les attitudes du groupe à l'égard de cette problématique. L'ordre du jour proposé figure dans l'encadré ci-dessous.

ORDRE DU JOUR DE LA SESSION DE FORMATION SUR LE REDOUBLEMENT
(première journée)

PREMIER ASPECT DU SCÉNARIO : NOS CONNAISSANCES SUR LE REDOUBLEMENT

1. **État de la situation**
   - Dans son milieu (outil de référence : questionnaire remis avant la session)
   - Au Québec et ailleurs

2. **Effets du redoublement** (à court et à long terme)
   - Sur le rendement scolaire
   - Sur l'estime de soi
   - Sur la motivation

3. **Mythes les plus populaires sur le redoublement**
   - Énoncé des cinq mythes

4. **Outils de référence**
   - Questionnaires d'entrevue sur les pratiques du redoublement (MEQ, 1994)
   - *Les pratiques du redoublement à l'école primaire* (Robitaille-Gagnon et Julien, 1994)
   - *Le redoublement : État de situation* (Gouvernement du Québec, 1996b)
   - *Énoncé des cinq mythes* (Gouvernement du Québec, 1996)

- *Le redoublement au primaire : État des connaissances et recommandations pour en faire un meilleur usage* (Julien, 1996)

- *Développement d'un plan d'action préventif du redoublement chez les élèves d'école primaire ayant des difficultés d'apprentissage scolaire* (Leblanc, 1991)

- Divers articles sur le sujet publiés dans des journaux et dans des revues spécialisées

Note : Des copies comportant les références indiquées ci-dessus sont remises aux participants.

DEUXIÈME ASPECT DU SCÉNARIO : NOS ATTITUDES À L'ÉGARD DU REDOUBLEMENT

1. Détermination de nos attitudes par rapport au redoublement
- Application de la technique d'animation de la carte conceptuelle :
  - réflexion individuelle sur un énoncé (voir annexe 4, page 121)
  - partage et validation de nos perceptions

2. Détermination de nos valeurs, de nos croyances, des points de convergence et de divergence

3. Synthèse servant à orienter nos actions

4. Outils de référence
- Démarches écrites servant à l'animation de la carte conceptuelle
- Énoncé utilisé pour une réflexion individuelle
- Outil d'analyse favorisant une synthèse des points de convergence et de divergence

La liste d'outils est ouverte et les solutions proposées par les participants permettront de l'enrichir. Il serait d'ailleurs préférable de commencer avec du matériel déjà connu et utilisé dans le milieu. Les facteurs liés à la réussite scolaire, les stratégies gagnantes ainsi que les principes de base pour adapter l'enseignement et accroître la participation des élèves pourraient être ceux proposés par les participants lors des échanges.

À la liste d'outils proposée, chaque responsable de l'animation peut aussi ajouter les outils jugés pertinents et favorables à la réussite scolaire des élèves. Ces outils permettent de développer les habiletés nécessaires à une intervention adaptée aux besoins des élèves présentant des difficultés d'apprentissage et pour lesquels le redoublement est envisagé comme solution.

Les responsables de l'application de ce scénario pourront consulter le chapitre 2 où ils trouveront des données relatives aux facteurs de réussite et aux stratégies gagnantes. L'appendice 2 propose des expériences pratiques menées auprès de plusieurs élèves, expériences qui ont contribué à prévenir le redoublement et à préciser ces facteurs de réussite et ces stratégies gagnantes. L'annexe 4 (voir page 121) propose un outil pour l'animation à l'aide de la carte conceptuelle.

ORDRE DU JOUR DE LA SESSION DE FORMATION SUR LE REDOUBLEMENT
(deuxième journée)

TROISIÈME ASPECT DU SCÉNARIO : NOS HABILETÉS À INTERVENIR

1. Présentation de différentes situations problématiques où le redoublement est envisagé comme solution
   - Recherche de solutions à l'aide d'une approche d'aide coopérative :

       - application d'une technique de résolution de problèmes (s'entraider pour aider)

       - applications pratiques des solutions trouvées à l'étape précédente

   - Animation à l'aide de la technique des jeux de rôles

2. Présentation des conditions relatives à une action efficace
   - Facteurs importants de la réussite scolaire

   - Stratégies gagnantes

   - Utilisation efficace des temps de récupération

   - Aide importante de l'orthopédagogue en rééducation

3. Outils de référence
   - Fiche descriptive présentant les étapes de l'approche en résolution de problèmes

   - Guide d'animation pour les jeux de rôles

   - Proposition de facteurs importants de réussite

   - Relevé de stratégies gagnantes pour une action efficace

   - Grille d'observation des attitudes et des comportements permettant de distinguer les élèves ayant besoin de récupération de ceux ayant besoin de rééducation avec l'aide de l'orthopédagogue

   - Facteurs de réussite reliés à la récupération et à la rééducation

   - Document de référence sur les principes de base pour adapter l'enseignement et la participation des élèves

   - Suggestions d'activités ouvertes, etc.

4. Outils diagnostiques et d'intervention
   - Outils diagnostiques en lecture, en écriture et en mathématiques

   - Outils d'intervention sur les facteurs de risque au préscolaire

   - Matériel adapté en lecture et en résolution de problèmes (par ex. : *Lilitou* et *Recueil d'activités en mathématiques*)

   - Plans d'intervention stratégiques (propositions de modèles et de facteurs importants à considérer dans l'élaboration et l'application de ces plans stratégiques)

CHAPITRE 5

LE PLAN DE RÉÉDUCATION INDIVIDUALISÉ (PRI), UNE APPROCHE PROMETTEUSE

Les informations, les actions, les stratégies et l'ensemble des moyens préventifs proposés dans les chapitres précédents guident les décisions des intervenants mais ne suffisent pas à prévenir le redoublement des élèves en difficulté et à garantir leur réussite scolaire.

La démarche d'élaboration d'un plan d'intervention, telle qu'elle est présentée dans le chapitre 4, permet une sélection des interventions et contribue à orienter les applications pédagogiques. Cependant, elle doit être complétée par un plan de rééducation individualisé spécifique élaboré par une orthopédagogue, avec la collaboration de différents intervenants, et appliqué nécessairement avec leur collaboration.

Le plan d'intervention, tel que le précise l'article 96,14 de la *Loi sur l'instruction publique*, consiste en une démarche formelle réunissant plusieurs intervenants autour d'une même table. L'équipe ainsi formée décide des compétences, des stratégies, des moyens, des responsabilités, des échéanciers et des évaluations. À l'occasion de la rencontre d'élaboration du plan d'intervention, les grandes orientations sont censées y être bien définies.

Le plan d'intervention est une mesure administrative qui demeure limitée si elle n'est pas accompagnée d'un plan de rééducation personnalisé.

Très souvent, cependant, le plan d'intervention élaboré pour un élève identifié à l'aide d'un code de difficulté reconnu par le ministère de l'Éducation comporte de nombreuses imprécisions et est source d'insatisfactions. Le plan d'intervention relève de la responsabilité légale de la direction de l'école. S'il permet d'orienter les services et de prévoir les éléments essentiels de la démarche, il prend bien souvent l'allure d'une démarche administrative. Par conséquent, les enseignantes formulent parfois des commentaires négatifs relativement à ce plan : «Je fais un plan d'intervention parce que c'est obligatoire, mais je me demande à quoi il va servir.» «C'est de la paperasse inutile.» «C'est du temps perdu.» «Je n'ai pas le temps de faire un plan d'intervention, et même si j'avais le temps, ça changerait quoi?» «Si je fais un plan d'intervention, je ne changerai pas les parents, et ils ne collaboreront pas plus.»

Ces propos, et vous pouvez sans doute en ajouter, illustrent la réalité de plusieurs milieux scolaires au Québec. Cette réalité traduit la complexité des situations réelles, parfois bien contraignantes, que vivent les intervenants en milieu scolaire. Les plans d'intervention élaborés à la hâte par les enseignantes, entre deux récréations, durant une période libre ou à la fin d'une journée qui a déjà grugé une bonne partie de leurs énergies, risquent fort de laisser en plan quelques petits détails, pourtant importants, et de faire en sorte qu'au moment de l'application, des difficultés surgissent. Ces difficultés peuvent même compromettre la réussite du plan.

Bien souvent, c'est en sortant des rencontres d'élaboration d'un plan d'intervention que les intervenants posent les vraies questions : «Crois-tu vraiment que l'enfant va participer?» «Quand penses-tu que l'élève trouvera du temps pour s'exercer en lecture?» «Faut-il espérer que les parents s'impliquent?» «Qui est responsable de cette activité prévue au plan (nous avons oublié de le préciser)?» «Quand vais-je trouver le temps d'appliquer ce plan?»

Vous pouvez ici aussi, sans aucun doute, allonger la liste de questions. L'incertitude quant aux modalités d'application ou le manque de précision entourant certains éléments peuvent compromettre l'efficacité du plan. En effet, s'il est essentiel d'élaborer un plan d'intervention, sa réussite nécessite aussi une importante réflexion sur les modalités d'application, sur certains facteurs de réussite et sur la place de l'élève dans la planification et la réalisation des activités inscrites dans ce plan.

La situation existant dans les écoles québécoises et le nombre élevé d'élèves éprouvant des difficultés d'apprentissage amènent les intervenants à s'interroger sur leurs approches et sur leurs modèles d'intervention. Les politiques québécoises en matière d'éducation sont passées de l'ère de l'école pour tous (rapport Parent) à l'ère de la réussite pour tous (politique de Mme Marois visant la réussite scolaire). Cette réussite pour tous oblige les différents intervenants du milieu scolaire et les parents à se questionner aussi sur les moyens préventifs, sur les conditions favorables à une action efficace et sur des stratégies gagnantes en matière de mesures d'aide adaptées aux élèves qui risquent de redoubler ou d'être intégrés dans une classe à effectif réduit.

La réussite pour tous... N'y a-t-il pas lieu de se questionner sur les moyens préventifs, les conditions favorables et les stratégies gagnantes?

Le cas de Patrick : une expérience heureuse

Une expérience particulièrement heureuse a marqué un tournant important dans ma réflexion sur les approches et les modèles d'intervention utilisés avec les enfants présentant d'importants retards d'apprentissage. Je crois qu'il serait intéressant pour vous d'en prendre connaissance.

En juin 1996, une mère me téléphone pour me demander de l'aide : une visite de la classe à effectif réduit pour élèves éprouvant des difficultés graves d'apprentissage (DGA) l'a fortement ébranlée. Lors de l'étude du cas de son fils Patrick, les intervenants ont décidé que le service le plus approprié pour lui, pour l'année scolaire 1996-1997, serait celui de la classe à effectif réduit. Elle a accepté cette décision, mais avec une certaine appréhension, et elle a demandé de visiter cette classe avant la fin de l'année scolaire. C'est à la suite de cette visite, où elle a été très déçue par l'ambiance et le fonctionnement de la classe, et par le programme offert aux élèves qui la fréquentent, qu'elle me lance un véritable appel au secours. Elle me demande de plaider sa cause auprès des intervenants de l'école afin que son fils puisse être inscrit en quatrième année ordinaire en septembre 1996 et elle insiste pour que nous étudiions ensemble d'autres options, d'autres solutions.

Je lui propose de me laisser le temps de communiquer avec la direction de l'école, l'enseignante titulaire et l'orthopédagogue avant de répondre à sa demande. Après quelques échanges avec des intervenants de l'école, je me trouve dans une véritable impasse. Voici brièvement les résultats de ma collecte d'informations à l'école.

La direction me fait part du retard très important de Patrick. Il a redoublé sa première année. Il termine sa troisième année dans la classe d'une enseignante très dévouée qui a vraiment tout essayé pour l'amener à réussir. Il ne s'intéresse pas à l'école. Ses parents font tout pour lui ainsi que ses grands-parents. Il n'a pas à lever le petit doigt et il ne fait même pas l'effort de faire ses devoirs et ses leçons à la maison. Il n'a pas atteint les objectifs des programmes de première année. Il n'est donc pas question de l'envoyer en quatrième année.

Ma rencontre se termine par le commentaire suivant de la part du directeur : « Si tu veux lui préparer un plan de rééducation qu'il fera à la maison durant l'été, je crois que tu perds ton temps, mais je n'ai pas d'objection à revoir son classement et son identification DGA, à la fin de l'été, si jamais ce plan lui permet de réaliser de grands progrès. »

L'enseignante titulaire me confirme le retard pédagogique très important de Patrick. Elle me dit qu'il n'a pas atteint les objectifs des programmes de première année. Elle me signifie clairement que ce serait une perte de temps que de planifier des activités à réaliser durant l'été, car elle sait très bien qu'elles ne seront pas faites par Patrick. Par contre, elle entrouvre une porte en mentionnant que si je veux vraiment aider cet élève, il faudrait lui préparer uniquement des activités en lecture avec du matériel du niveau de la première année. Elle me conseille de ne pas proposer d'activités en écriture et d'oublier la conjugaison des verbes.

Elle me propose aussi de rencontrer les parents, d'insister auprès d'eux sur l'importance qu'ils devraient accorder au développement du sens des responsabilités de Patrick et de leur indiquer clairement qu'ils ne doivent pas faire les activités à la place de leur fils.

L'orthopédagogue m'informe qu'elle ne donne plus d'aide à Patrick depuis le mois de mars car il ne s'engage pas suffisamment dans les activités. Il ne fait pas d'efforts et elle juge qu'il ne peut plus profiter de son aide étant donné sa passivité. Aucun plan d'intervention n'a donc été appliqué entre mars et juin 1996. Elle me mentionne que Patrick n'est plus motivé en classe à cause de ses grandes difficultés et qu'elle n'entrevoit pas d'autres solutions que celle de la classe DGA.

Elle appuie la proposition de l'enseignante titulaire en me prodiguant les mêmes conseils, mais elle ne croit pas à l'efficacité d'un plan d'intervention appliqué durant l'été, surtout dans le contexte familial où vit Patrick.

À la suite de cette collecte d'informations et de l'analyse de la situation, je téléphone à la mère de Patrick et je lui propose un plan d'intervention pour son fils en lui mentionnant qu'elle aurait la responsabilité d'en superviser l'application durant une période de six semaines au cours de l'été. Elle manifeste beaucoup d'enthousiasme à cette proposition.

Après cet entretien avec la mère, je parle à son fils. Notre conversation se résume à ces quelques points :

- « Parle-moi de ce que tu aimes le mieux faire à l'école. »
- « Quelles activités réussis-tu le mieux ? »

- «Quelles sont tes qualités, tes points forts?»
- «Qu'est-ce que tu aimerais améliorer à l'école?»
- «Comment trouves-tu tes résultats?»
- «Quel est ton but pour l'année prochaine?»

À cette dernière question, il me mentionne qu'il aimerait rester dans la même école, avec ses amis, et être dans une classe de quatrième année. Je lui demande alors : «Quel est ton but?» «As-tu une idée des moyens que tu pourrais prendre pour atteindre ton but?»

L'enfant a le pouvoir de changer des choses, d'où l'importance d'établir un dialogue honnête et empreint de confiance mutuelle dès le départ.

Il me répond : «Il faut que je travaille très fort.»

Je lui demande alors : «Es-tu prêt, cet été, à travailler deux heures par jour, cinq jours par semaine durant six semaines? Si tu me dis oui, je vais te préparer des activités, mais c'est toi qui vas me dire ce que tu crois qu'il serait important que tu fasses.»

Patrick me répond affirmativement et, à ma grande surprise, il me propose plusieurs activités qu'il aimerait réaliser. Voici quelques-unes de ses suggestions :

- «Étudier mes mots de vocabulaire parce que j'ai toujours zéro au contrôle du vendredi.»
- «Faire des productions écrites parce que ma note sur mon bulletin n'est pas fameuse.»
- «Faire des conjugaisons, j'aime ça.»
- «Lire souvent parce que je ne comprends pas bien quand je lis.»
- «Composer des phrases.»

Je mets fin à la conversation en lui promettant de lui préparer un plan de travail pour l'été où je mettrai toutes les activités de son choix. De plus, je lui mentionne que s'il réalise toutes les activités en leur consacrant deux heures par jour, cinq jours par semaine, durant six semaines, il fera d'énormes progrès et il lui sera possible d'atteindre son but. Je sens alors que mes paroles prennent une très grande importance pour Patrick et sa mère. Je fixe donc un rendez-vous à Patrick et à ses parents et ils s'engagent à venir à l'école le 3 juillet à 9 heures.

Avant notre rencontre, je prépare quelques outils d'évaluation et du matériel pédagogique pouvant servir à la réalisation du plan. Je prévois utiliser le test diagnostique «Lecteur débutant 1», du niveau de fin de première année. En présence des parents de Patrick, je prends environ 30 minutes pour évaluer ses difficultés en lecture et en écriture. Je constate rapidement que l'évaluation réalisée par l'enseignante et l'orthopédagogue était exacte. Patrick maîtrise à peine les objectifs d'une fin de première année.

La préparation du PRI de Patrick

Après cette évaluation, je consacre plus de deux heures à Patrick et à ses parents. Patrick choisit les activités, le matériel didactique en lecture et les outils lui permettant de contrôler lui-même l'exécution de ses activités. Nous préparons ensuite une fiche aide-mémoire pouvant être utilisée par Patrick et sa mère afin d'assurer une supervision de toutes les activités. Nous exécutons ensuite une séance complète de deux heures : je profite de cette séance pour stimuler les processus cognitifs et métacognitifs de Patrick et pour lui fournir, ainsi qu'à sa mère, un modèle de fonctionnement.

Tout en laissant Patrick choisir ses activités, je lui propose quelques stratégies qui lui permettront de stimuler ses processus cognitifs et métacognitifs en lecture. Voici quelques-unes des stratégies suggérées à Patrick.

Stratégies proposées en lecture

Patrick choisit de lire des textes dans des revues pour la jeunesse. Il en choisit 10 et décide de lire trois textes par revue. Il décide de formuler une question après la lecture de chaque texte. Je lui propose, ainsi qu'à ses parents, de me poser des questions et je fais de même de mon côté. Dans une reliure à agrafes, j'insère 30 fiches de compréhension en lecture (voir page 113), chacune portant un numéro (fiche 1, fiche 2, fiche 3, etc.). J'écris tous les mots clés utilisés par Patrick, par ses parents ou par moi durant la séance de questionnement ; je place ensuite la feuille où j'ai écrit les mots servant à formuler des questions à la suite des 30 fiches.

La technique du questionnement favorise l'élaboration de plusieurs stratégies.

Je privilégie la technique du questionnement pour les activités de compréhension en lecture, car elle permet à Patrick d'acquérir des habiletés de synthèse, de faire des associations d'idées, d'établir des liens d'un paragraphe à l'autre et, de plus, elle offre à Patrick une possibilité d'acquérir des habiletés en écriture. Patrick choisit donc de remplir la fiche de compréhension en lecture (voir page 113).

Je propose aussi à Patrick quelques stratégies telles que :

- lire le titre et essayer de deviner l'histoire avant même de lire le texte ;
- lire les sous-titres ;
- regarder les illustrations ;
- écrire des mots importants dans la marge du texte ;
- relire une partie du texte qu'il n'a pas comprise ;
- diviser le texte, s'il le trouve trop long ;
- penser à ce qu'il connaît du sujet présenté dans le texte ;
- penser à ce qu'il aimerait apprendre ;
- souligner dans le texte ce qu'il a appris de nouveau, etc.

Je demande aussi à Patrick de me nommer des stratégies qu'il connaît et des moyens qu'il pourrait utiliser pour mieux comprendre. Je lui propose, s'il le désire, d'utiliser la fiche « Mes apprentissages » (voir page 116).

Tout au long de la rencontre avec Patrick et ses parents, j'insiste beaucoup sur l'utilisation de stratégies et sur un encadrement indirect de la part des parents. Le père laisse à sa conjointe la responsabilité de cet encadrement. Au fur et à mesure, j'indique quel est le rôle de la mère durant le déroulement de chaque activité et je mentionne particulièrement l'importance de laisser à Patrick l'entière responsabilité de la réalisation de toutes les activités.

Dans la partie qui suit, l'ensemble des activités inscrites au PRI de Patrick sont présentées.

La présentation du PRI de Patrick

Activités en lecture

Lecture de textes dans des revues Coulicou *et formulation de questions*

Choix de 10 revues.

Dans chaque revue, Patrick choisit les textes qu'il veut lire et il remplit une fiche de compréhension en lecture pour chaque texte lu. Patrick insère toutes les fiches dans une reliure à agrafes et, à la fin de celle-ci, il ajoute la feuille où se trouvent les mots clés lui servant à formuler ses questions. Il lit un texte par jour.

Fiches de lecture avec questions de compréhension

(environ 30 minutes par jour, cinq jours par semaine durant six semaines)

Patrick insère dans une autre reliure la série verte et la série bleue des textes préparés par une orthopédagogue (matériel inédit). Il a comme tâche de répondre aux questions déjà formulées et de s'autocorriger à l'aide des fiches correctrices. Il a le choix entre répondre aux questions ou utiliser un organisateur graphique (« Mes mains, des aides pour classer mes idées », « Une ronde d'idées », etc.). Il peut aussi inventer ses propres organisateurs graphiques. Cette idée d'activité lui plaît particulièrement car elle semble nouvelle pour lui et présente un défi qui l'attire. Des modèles de ces organisateurs sont présentés en annexe (voir pages 117 à 120).

À ce sujet, le schéma en forme de main utilisé comme organisateur graphique développe chez l'enfant différentes habiletés cognitives. Il représente, comme bien d'autres organisateurs graphiques, un outil très efficace. Une enseignante mentionne que, dans le contexte d'activités rééducatives, les élèves réalisent des progrès importants lorsqu'ils utilisent cet organisateur graphique au moins trois ou quatre fois par semaine. Ils indiquent le titre du texte dans le poignet, l'idée principale dans la paume de la main et les idées secondaires dans chaque doigt. Les enfants peuvent eux-mêmes tracer leur main sur une feuille de papier et s'exercer à l'aide de courts textes. Ce schéma peut aussi être utilisé pour planifier une production écrite. On peut aussi s'en servir pour la résolution de problèmes en mathématiques. On inscrit alors les données du problème dans les différentes parties de la main. Les enfants sont habituellement très intéressés par cette approche, car elle leur présente un défi adapté à leurs capacités. Elle représente une démarche cognitive permettant d'acquérir des habiletés de synthèse et d'analyse.

À ces deux activités de lecture, Patrick est libre d'ajouter des activités complémentaires. Je lui prête quelques livres qu'il choisit lui-même parmi trois collections de livres pour jeunes.

Activités en écriture

Connaissances orthographiques

À la demande de Patrick, je lui présente une liste de mots dont les élèves de première, deuxième et troisième connaissent normalement l'usage orthographique. Nous repérons ensemble les mots fréquemment utilisés (dans, avec, jamais, souvent, petit, grand, ami, etc.) et il les souligne en rouge. Je demande à Patrick de m'indiquer le nombre de mots qu'il croit pouvoir apprendre chaque jour. Il me dit en connaître déjà quelques-uns et, voyant la longue liste des mots, il pense pouvoir en étudier 25 par jour. Je considère que, sans stratégie de mémorisation, il ne pourra assimiler l'orthographe des mots et il éprouvera, par conséquent, des difficultés à transférer ses connaissances orthographiques à des situations d'écriture réelles.

Je lui remets un cahier qui lui servira de lexique et de compagnon pour qu'il y inscrive ses stratégies les plus efficaces. Je lui propose d'étudier les mots en les regroupant selon des *trucs* qui lui paraissent efficaces et de souligner avec un marqueur les mots les plus importants à se rappeler. Je suggère à sa mère de lui donner chaque jour en dictée les 25 mots choisis. Lorsqu'il écrira incorrectement un mot, il n'aura qu'à étudier la partie fautive du mot en essayant le plus possible d'utiliser les stratégies qui lui semblent les plus efficaces.

À l'aide des mots de vocabulaire, Patrick choisit aussi d'écrire cinq phrases chaque jour. Il composera une phrase avec chacun des mots choisis.

Écriture quotidienne d'un journal de bord

Je propose à Patrick l'écriture d'un journal de bord quotidien afin de lui permettre d'exprimer ses opinions, ses sentiments et différentes idées. Ce moyen représente une pratique simple de l'écriture et permet à l'élève, en fonction de son vécu et d'éléments connus, d'établir des liens entre ses apprentissages et de les ancrer, favorisant ainsi le transfert de ses connaissances.

> Le journal de bord est un outil efficace favorisant le transfert des connaissances.

Je remets à Patrick un journal de bord (cahier à couverture rigide) et je lui propose d'écrire deux ou trois phrases chaque jour. Aucune correction du journal de bord n'est demandée aux parents. C'est une activité d'écriture libre et gratuite !

Une production écrite par semaine

Patrick me dit vouloir faire des productions écrites car ses résultats sur son bulletin ne sont pas très bons dans cette matière. Je lui propose donc différents thèmes ; il pourra choisir durant l'été ceux qu'il aimerait développer. Je lui remets donc une reliure à agrafes contenant neuf thèmes différents, quelques feuilles pour écrire des brouillons et quelques feuilles qu'il utilisera pour transcrire au propre ses productions corrigées. Il choisira six thèmes durant l'été, ce qui lui permettra de réaliser une production écrite par semaine.

Je lui remets quelques outils pour corriger son brouillon (référentiel l'Artichaut, dictionnaire, grammaire) et je lui propose d'utiliser son lexique et tous les outils dont il dispose. Je vérifie si sa mère peut l'aider au moment de la correction. Elle semble très bien disposée et habile à apporter cette aide. Nous repérons ensemble les objectifs indiqués sur le référentiel qui doivent être atteints à la fin de la troisième année. Je mets un crochet à côté de chacun de ces objectifs.

Je propose aussi à Patrick d'écrire dans son lexique (liste des mots à étudier et stratégies) les mots nouveaux ainsi que les règles grammaticales qu'il ne veut pas oublier.

Activités pour approfondir ses connaissances

Malgré les nombreuses activités planifiées en écriture, Patrick tient à conjuguer des verbes. Je lui prépare donc un cahier de conjugaison où j'inscris quelques modèles de verbe (être, avoir, aimer, finir, voir, etc.) et je lui propose de les conjuguer aux temps simples : indicatifs présent, imparfait et futur. Je suggère à Patrick de souligner avec un marqueur les finales des verbes. Je lui propose neuf modèles de verbes et il en choisit environ 10 autres.

La grille thermomètre et la fiche analytique figurent parmi les outils utiles pour évaluer la réalisation des activités. Après les six semaines d'application, ces outils seront autant de témoins du cheminement de l'élève.

À la fin de la rencontre, je suggère à Patrick d'utiliser une grille thermomètre (voir page 115) afin qu'il puisse constater ses progrès. Cette activité le stimulera et l'incitera à persévérer dans ses efforts ; elle lui permettra aussi d'obtenir un bénéfice quand il finira de colorier un thermomètre. Je lui propose de colorier cinq degrés après la réalisation d'une activité dont il sera fier. Il pourra choisir avec ses parents le bénéfice ou le privilège que lui procurera un thermomètre colorié au complet.

Afin qu'il n'oublie aucune activité de son PRI, je lui suggère aussi d'utiliser la fiche analytique (voir page 111) où sont indiquées par des mots clés, dans la colonne de gauche, toutes les activités à réaliser (*Coulicou*, fiches vertes, etc.). Patrick doit inscrire la date dans l'espace en haut de la fiche et colorier les cases correspondant aux intersections des activités qu'il réalisera et des dates où il les fera.

À la fin de la séance avec Patrick et ses parents, je rappelle l'importance de développer l'autonomie de Patrick tout au long des six semaines et de ne faire aucune activité à sa place ; je leur fixe ensuite un rendez-vous le 23 août à 9 heures au même endroit. J'informe Patrick de la nécessité d'apporter tous les travaux réalisés durant les six semaines et je l'informe aussi qu'il sera évalué lors de cette rencontre à l'aide de tests de lecture et d'écriture de niveau de troisième année. Je demande aux parents d'être présents lors de la rencontre du 23 août et je leur explique brièvement le but de cette rencontre : m'assurer que Patrick a bien fait toutes les activités par lui-même et vérifier par des évaluations en lecture et en écriture si les objectifs de la troisième année sont atteints. Nous pourrons alors rencontrer le directeur de l'école, lui faire part des résultats et modifier le classement de Patrick si les résultats démontrent un progrès majeur.

Je propose aux parents de m'appeler si des difficultés se présentent durant l'été et je leur laisse mon numéro de téléphone au travail et à ma résidence. J'encourage Patrick à faire preuve de courage et je lui suggère de choisir un horaire lui permettant de profiter aussi de ses moments de loisirs avec ses amis.

La rencontre se termine sur une note très émotive et les parents me témoignent leur gratitude. Patrick est enthousiaste et confiant, car il sait qu'il a le pouvoir de changer des choses dont, entre autres, son classement pour septembre prochain.

Comme cela a été convenu, le 23 août, Patrick se présente accompagné de ses parents. Il me montre tous ses travaux et j'ai l'agréable surprise de constater qu'il a réalisé toutes les activités proposées dans son PRI. Je suis particulièrement impressionnée par la qualité des questions formulées d'après les textes lus dans les revues. Je lui fais faire une dictée comprenant 20 mots choisis au hasard parmi la liste de tous les mots qu'il a appris. Il n'a qu'une seule erreur.

Je lui fais passer un test diagnostique utilisé par les orthopédagogues, « Lecteur débutant 2 » ; ce test correspond aux objectifs du programme de lecture de la fin de la troisième année. Patrick réussit plus de la moitié des activités proposées dans ce test. En écriture, je lui demande d'écrire un court texte sur son appréciation de son PRI. Je constate qu'il a aussi réalisé des progrès très marqués en écriture. Alors qu'il maîtrisait à peine les objectifs d'une fin de première année, il se situe maintenant au niveau d'une mi-troisième année. Je félicite chaleureusement Patrick et ses parents pour leurs efforts et nous nous rendons chez le directeur ensemble.

Patrick sera inscrit en classe de quatrième année ordinaire et il a perdu son étiquette de DGA. Les résultats de Patrick ne relèvent pas de la magie. Que s'est-il passé durant ces six semaines ? Pourquoi un tel progrès en si peu de temps ? Quels facteurs ont contribué à combler un aussi grand retard pédagogique ? Bien d'autres questions pourraient s'ajouter à cette liste. À la suite de cette expérience, j'ai pratiqué ce que je nomme une *approche réflexive*. À la lumière de cette expérience et des données fournies dans plusieurs recherches consultées, j'ai préparé une synthèse personnelle des conditions à respecter, des stratégies gagnantes et des facteurs de réussite du PRI. Le tout vous est proposé dans la section suivante.

Quel beau cadeau Patrick venait de se faire en collaborant de façon aussi active à son PRI! Les résultats de ce jeune garçon donnent matière à réflexion...

Le PRI, une approche réflexive

Avant d'aller plus loin, rappelons brièvement les conditions importantes contribuant au succès d'un PRI, conditions que nous avons déjà abordées dans le chapitre 2. Ces conditions s'appliquent surtout dans un contexte scolaire, contexte différent de celui du PRI de Patrick, qui a été appliqué durant l'été.

Les conditions à respecter

Quand un élève manifeste des difficultés scolaires, on remédie à celles-ci en lui offrant un service de récupération, en lui préparant des activités supplémentaires à faire à la maison, en lui permettant de recevoir l'aide d'une orthopédagogue une ou deux fois par semaine, d'un pair ou d'un tuteur, en lui permettant de travailler avec un pair, etc. Pour beaucoup d'élèves, particulièrement pour ceux qui risquent de redoubler leur année ou d'être placés dans la classe à effectif réduit, ces moyens ne suffisent pas. Les difficultés risquent de s'accentuer si *une intervention systémique et systématique* n'est pas planifiée et réalisée selon certaines conditions.

Une organisation favorable

Les élèves peuvent difficilement combler leur retard scolaire sans la mise en place d'une structure organisationnelle répondant à leurs besoins. Une telle structure comprend :

- des horaires flexibles ;
- un programme parallèle et adapté ;
- une équipe pédagogique où l'orthopédagogue joue un rôle clé ;
- le décloisonnement des groupes ;
- une politique claire concernant l'évaluation et la promotion des élèves.

Des programmes adaptés

La récupération offerte à la hâte et où les horaires et les contenus varient selon les disponibilités des intervenants et les besoins du moment ne suffit pas. Il faut au départ bien déterminer les apprentissages que l'élève doit faire à l'aide d'évaluations diagnostiques. Par la suite, la planification et l'application d'un plan de rééducation nécessitent l'adaptation des programmes aux critères suivants :

- participation active de l'élève dans le processus ;
- enseignement adapté ;
- importance accordée à l'acquisition d'habiletés en lecture ;
- analyse régulière des résultats ;
- rencontres individuelles avec l'élève ;
- et communications fréquentes avec les parents.

Le respect des caractéristiques de l'élève par les intervenants

Les intervenants contribuent largement à motiver l'élève s'ils respectent les facteurs importants liés à la motivation (Viau, 1994). Ces facteurs constituent les ingrédients de base de la motivation, les B B P :

🐾 avoir un But,

🐾 se sentir Bon,

🐾 avoir du Pouvoir.

La régularité des communications, le respect des caractéristiques affectives et cognitives de l'élève et une planification de qualité constituent aussi des composantes essentielles à la réussite de l'élève suivant un PRI.

Le PRI représente une approche prometteuse permettant d'améliorer l'estime de soi de l'élève et son rendement scolaire. Il représente aussi une approche rééducative fondée sur la prise en charge par l'élève de sa propre rééducation. L'élève devient le maître d'œuvre de son plan de rééducation, d'où son implication très active et une amélioration évidente de ses résultats scolaires et de sa confiance en lui-même.

Les stratégies gagnantes

La réussite du PRI de Patrick et les progrès rapides de ce dernier ne relèvent pas, en effet, de la magie. Quelques stratégies gagnantes ont été utilisées. Patrick a choisi lui-même les activités qu'il jugeait importantes pour améliorer ses résultats. Après chaque activité, il prenait le temps de réfléchir à ses stratégies, aux moyens les plus efficaces pour se rappeler l'orthographe des mots de vocabulaire et à différents trucs mnémotechniques. Il se questionnait sur les stratégies qui lui convenaient le mieux et établissait des liens entre les diverses activités qu'il réalisait et les apprentissages qu'il maîtrisait grâce à l'exécution de ces activités.

L'élève peut élaborer ses propres stratégies. Croire aux capacités de l'enfant et le lui démontrer est une bonne façon de lui donner confiance afin de l'aider à prendre sa place.

Dans le contexte scolaire, le tutorat, la pratique régulière de l'autorégulation, les stratégies de consolidation, la relation d'aide entre l'école et la maison et quelques applications s'inspirant de la pédagogie de la maîtrise, lorsqu'elles sont utilisées à bon escient, représentent aussi des stratégies gagnantes qu'il ne faut pas ignorer.

L'importance de croire en l'enfant et en ses capacités constitue aussi l'une des stratégies affectives déterminantes. Les fondements du PRI tiennent aux croyances pédagogiques auxquelles les intervenants adultes adhèrent de même qu'à la qualité des interventions. L'élève peut aussi collaborer très étroitement à la planification et à la réalisation de son PRI. Chaque étape se déroule dans un climat de très grande confiance. Si l'adulte se perçoit comme le maître d'œuvre de la réussite scolaire de l'élève, comme le décideur, il pourra difficilement laisser l'élève prendre lui-même en charge sa rééducation.

Les facteurs de réussite du PRI

Les facteurs de réussite du PRI sont au nombre de 13 et un principe de base doit être respecté avec chacun d'eux : l'autonomisation du plan de rééducation par l'élève lui-même puisque l'élève est l'acteur principal de son PRI. Les facteurs présentés dans la partie qui suit constituent les ingrédients de base contribuant à la réussite du PRI. Ils forment une synthèse personnelle résultant de plusieurs années de réflexion, de recherches et d'applications dans différents milieux scolaires. Il serait illusoire de leur attribuer un effet miraculeux ; les résultats dépendent principalement du savoir-faire et du savoir-être des différents intervenants engagés dans le PRI. Voici ces 13 facteurs :

- permettre à l'élève de déterminer et de nommer ses forces et ses qualités ;
- laisser l'élève déterminer ses besoins prioritaires et l'inviter à les nommer ;
- amener l'élève à préciser clairement le but de son PRI ;
- formuler les objectifs du PRI avec l'élève ;
- planifier les activités avec l'élève selon les objectifs et les besoins déterminés ;
- choisir avec l'élève des activités où les stratégies cognitives et ses capacités seront le plus sollicitées (association, synthèse, liens entre les informations, applications, etc.) ;
- prévoir la fréquence de la réalisation des activités et favoriser la répétition de ces activités afin de permettre l'ancrage des apprentissages (au moins trois à quatre applications par semaine) ;
- faire participer l'élève aux modalités de la réalisation des activités (étapes, horaire, durée, etc.) ;
- fournir à l'élève et aux parents ou au tuteur (s'il y a lieu) tout le matériel nécessaire à la réalisation des activités ainsi que la démarche écrite permettant de réaliser le PRI ;
- rencontrer les parents ou le tuteur (s'il y a lieu) pour leur présenter clairement les exigences et les attentes relatives au RPI ; l'élève doit assister à la rencontre ;
- prévoir un PRI de courte durée (environ six semaines) ;
- privilégier une approche systémique et personnalisée ;
- faire participer l'élève tout au long du processus et au cours de son évaluation.

Le bon fonctionnement d'un plan de rééducation individualisé nécessite la concertation entre les différents intervenants à tous les paliers de l'intervention. L'orthopédagogue prend en charge le plan. Elle amorce le PRI par une évaluation diagnostique de l'élève, préalable à la rencontre de planification, afin de bien cibler les processus et les objectifs à travailler. La démarche proprement dite d'élaboration du PRI débute par une entrevue avec l'élève, son enseignante titulaire et ses parents. Selon la situation de l'élève, d'autres personnes peuvent aussi participer à cette rencontre de planification du PRI afin d'aider l'élève à bien orienter ses choix. L'orthopédagogue élargit le plus possible la concertation entre les différents intervenants et supervise le PRI tout au long de sa réalisation. Elle assure la rééducation nécessaire lorsque l'élève présente des difficultés spécifiques d'apprentissage.

L'élève, quant à lui, prend la responsabilité de la réalisation des activités, réfléchit à ses stratégies et développe lui-même ses habiletés cognitives. Il prépare ses rencontres avec l'orthopédagogue et détermine leur fréquence.

La simulation d'une entrevue pour élaborer un PRI

L'élève, ses parents, l'enseignante titulaire, l'orthopédagogue, la direction de l'école et parfois des professionnelles telles que la conseillère pédagogique en adaptation scolaire, la psychologue, la psychoéducatrice et l'orthophoniste participent à la planification du PRI. La rencontre de planification dure de 40 à 60 minutes. Il arrive parfois que la direction et les professionnelles ne puissent participer à la rencontre de planification du PRI.

Durant la rencontre de planification, on utilise la feuille intitulée « Plan de rééducation individualisé » (voir page 122) ; six éléments figurent sur cette feuille et composent le PRI : les forces, les besoins, les buts, les moyens, le début et la durée. On écrit les différentes informations pertinentes au PRI sur cette feuille et on essaie le plus possible d'être fidèle au contenu proposé par l'élève afin que celui-ci se reconnaisse quand il consultera son PRI. Ce plan lui appartient et il en est d'ailleurs le seul signataire. L'un des fondements du PRI est de permettre à l'élève d'exprimer lui-même son *diagnostic* et de planifier son propre plan de rééducation. L'orthopédagogue le guidera par la suite dans l'élaboration de stratégies cognitives et d'une rééducation adaptée à ses besoins.

Le PRI appartient à l'élève. Il en est le seul signataire.

La séance débute avec l'arrivée de l'élève, qui est accueilli chaleureusement, comme tous les autres intervenants. Ensuite, l'animatrice demande à l'élève s'il sait pourquoi la rencontre a lieu. Puis, elle lui dit qu'ensemble ils vont faire un PRI et lui demande à quoi lui fait penser ce mot. Certains enfants disent que ça leur fait penser aux prix dans les magasins, au prix que l'on gagne, au prix à payer, etc. L'animatrice présente le PRI à l'élève ; elle lui explique ce qui sera fait durant la rencontre et elle lui spécifie que ce PRI sera pour lui comme un cadeau qu'il se fait afin de mieux réussir à l'école et, par conséquent, d'être plus heureux.

La première partie du PRI permet à l'élève de parler de ses qualités, de ses forces. Cette partie s'avère souvent très difficile car l'élève n'arrive pas à nommer ses forces et à reconnaître ses qualités. Les adultes viennent souvent à la rescousse de l'enfant. À quelques reprises, des PRI ont été planifiés en regroupant deux, trois et même quatre élèves de la même classe, leur enseignante et l'orthopédagogue, et chaque fois, on a pu constater combien les élèves peuvent collaborer

Dans un climat propice à la communication, l'enfant est appelé à préciser ses forces, ses besoins et les buts qu'il souhaite atteindre. Il s'agit ensuite de voir avec lui comment il parviendra à réaliser son objectif.

positivement et s'aider à déterminer les qualités des uns et des autres.

À la deuxième étape de la planification, on propose à l'élève de parler de ses besoins. Quels sont les points qu'il aimerait améliorer ? Est-ce qu'il voudrait changer des choses pour être plus satisfait de lui-même et content de venir à l'école ? S'il ne répond pas ou ne semble pas manifester d'intérêt pour les questions, les adultes peuvent lui proposer des pistes susceptibles de l'orienter. À cette étape, il faut laisser le temps et la possibilité à l'élève d'exprimer ses besoins réels, car ils sont peut-être différents de ceux que les adultes ont préalablement déterminés.

Après avoir précisé ses besoins, l'élève se fixe un ou deux buts. La plupart des enfants expriment leurs buts de la façon suivante : « Je veux passer mon année », « Je veux améliorer mes notes sur mon bulletin », « Je veux mieux réussir mes contrôles du vendredi », etc. Il faut aussi, à cette étape, prendre le temps de réfléchir avec l'élève pour que les buts qu'il se fixe soient pressentis comme des objectifs importants et comme une possibilité pour lui d'être plus heureux, de gagner une cause.

La recherche des moyens pour atteindre les buts fixés représente l'étape la plus longue. Elle consiste d'abord à sélectionner un ou deux besoins auxquels l'enfant accorde une grande importance. Si, dans la liste des besoins, l'enfant en a énuméré une dizaine, il faut bien sûr établir avec lui des priorités. Lorsque ces priorités ont été établies, les participants sont prêts à trouver les moyens d'action, à choisir les activités, à déterminer les modalités de réalisation, etc. À cette étape, toutes les décisions doivent être prises en faisant participer l'élève le plus possible et en s'assurant qu'il fait des choix *personnels*, *consentis* et *éclairés*. Si on l'incite fortement à prendre des décisions telles que relire à la maison des textes étudiés en classe, écrire chaque mot de vocabulaire trois fois, etc., le risque est grand que l'élève ne participe pas activement à son PRI et oublie ensuite ce qu'il doit faire. Si l'élève s'est fixé comme but d'améliorer sa note en compréhension de lecture, il est invité à rechercher avec les intervenants des moyens qui lui permettront d'atteindre ce but. On peut également lui proposer des moyens tout en s'assurant que ceux-ci lui conviennent et l'intéressent suffisamment pour qu'il ait hâte de réaliser les activités choisies.

Durant l'étape de la recherche des moyens, l'orthopédagogue, qui connaît les stratégies déficitaires de l'élève, fera des propositions d'activités ou de modalités de réalisation favorisant le développement de stratégies cognitives, le transfert des apprentissages et le développement d'habitudes de travail et d'habiletés métacognitives. L'utilisation d'outils pédagogiques tels que les organisateurs graphiques, la fiche analytique, les grilles thermomètres, etc., représente un soutien intéressant pour l'enfant.

Lorsque le choix des moyens est complété, on propose à l'élève de déterminer le moment où il veut commencer à réaliser son PRI. Il décide alors des jours, de l'heure et de l'endroit où il travaillera à son PRI. Dans le but de soutenir l'élève dans ses choix et de lui offrir l'aide nécessaire à sa rééducation, l'orthopédagogue lui propose de venir la rencontrer au moins une fois par semaine afin qu'ils regardent ensemble les activités qu'il a réalisées et les stratégies à travailler ; elle pourra ainsi assurer un suivi régulier du cheminement de l'élève dans son PRI.

Quand l'élève décide des jours où il consacrera du temps à travailler à son PRI, s'il dit qu'il veut le faire seulement une fois par semaine, on peut recourir à une métaphore : on lui demande s'il connaît quelqu'un qui s'est cassé un membre et qui, à cause de cet accident, a dû faire des exercices régulièrement pour entraîner ses muscles. On peut aussi lui demander s'il connaît un athlète et lui mentionner alors que cet athlète s'entraîne au moins cinq à sept fois par semaine afin d'améliorer son rendement. On lui affirme à ce moment-là qu'il peut lui aussi améliorer de beaucoup son rendement s'il y consacre du temps et de l'énergie régulièrement, soit au moins trois fois par semaine. On peut aussi lui parler des résultats d'autres enfants qui, comme lui, ont eu le privilège de faire un PRI, mentionner les progrès importants qu'ils ont faits, et même lui raconter l'histoire de Patrick.

Les participants doivent ensuite décider de la durée du PRI. On mentionne à l'enfant que, s'il veut vraiment atteindre ses buts et réaliser des progrès, il a besoin de travailler à son PRI durant environ six semaines. Quand ces six semaines seront écoulées, il faudra prendre à nouveau le temps d'évaluer les résultats et de modifier des éléments du PRI dans le but de l'améliorer ou d'ajuster certains choix qui ne favorisent pas l'atteinte des buts fixés.

À la fin de la rencontre, l'élève signe son PRI et on le félicite pour sa participation. On l'invite à résumer brièvement les diverses implications de son PRI et à remercier tous les intervenants qui l'ont aidé. Quand la séance se termine, l'enfant doit éprouver un sentiment de fierté et un désir de s'engager ; il doit aussi sentir que les adultes sont prêts à contribuer à son progrès.

Tout au long de la séance de planification du PRI, il faut considérer l'enfant comme le *principal artisan* de son diagnostic et de son plan de rééducation.

es résultats du PRI

Les exemples de réussite des élèves à la suite de la réalisation d'un PRI sont de plus en plus nombreux. Durant l'année scolaire 1998-1999, des orthopédagogues de plus de 20 milieux scolaires différents ont été initiées à cette approche centrée sur l'enfant et réalisée en fonction des facteurs de réussite très bien définis dans les recherches. Il faut cependant avouer que cette approche ne convient pas à toutes les orthopédagogues et qu'elle présente aussi certaines difficultés d'application. Des modifications importantes au rôle traditionnel exercé par l'orthopédagogue en dénombrement flottant doivent être apportées si on croit à l'efficacité du PRI.

Dans une telle approche, l'orthopédagogue joue davantage le rôle d'une professionnelle de la rééducation. Elle connaît suffisamment bien l'élève et le diagnostic de ses difficultés pour pouvoir le guider dans ses choix tout au long de la rencontre. Elle dispose aussi de moyens faisant appel à l'élaboration de stratégies pertinentes et nécessaires au progrès de l'élève. Elle sait que le PRI n'est pas seulement un contrat de travail où l'enfant occupe son temps ; elle planifie donc les activités en collaboration très étroite avec l'élève dans le but de favoriser le développement de ses habiletés cognitives, de ses méthodes de travail et de ses stratégies métacognitives. Les résultats obtenus par le PRI seront beaucoup plus intéressants si l'orthopédagogue peut jouer un tel rôle.

Comme il a été mentionné dans ce chapitre, Patrick a obtenu des résultats très éloquents grâce à son PRI. Les résultats ont été aussi très éloquents pour neuf élèves du préscolaire reconnus comme pouvant rencontrer des difficultés scolaires en première année et dont le classement envisagé pour la rentrée était une classe de maturation. Durant l'année où les neuf élèves étaient en classe maternelle, un PRI a été appliqué durant 10 semaines à l'école et à la maison. Il a permis à ces neuf élèves de réussir leur première année.

Plusieurs applications de PRI au cours desquelles les élèves recevaient l'aide d'un tuteur ont permis aux enfants de progresser d'une façon très marquée et d'éviter ainsi le redoublement d'une année. Tous reconnaissent l'importance de la lecture dans les apprentissages scolaires, celle-ci étant considérée comme la porte d'entrée de toutes les matières et, en quelque sorte, comme la clé de la réussite. Les élèves éprouvant des difficultés importantes en lecture ont donc besoin d'être rassurés, valorisés par une approche où la réussite leur est accessible. Une démarche effectuée selon le PRI permet de constater qu'un programme bien géré avec un tuteur et un matériel didactique adapté aux besoins de l'enfant, tel que *Lilitou*, conduisent l'enfant à la réussite scolaire et lui permettent d'augmenter par le fait même son estime de lui-même.

L'élève qui ne maîtrise pas la lecture compromet ses chances de réussite. Un tuteur peut fournir une aide précieuse.

L'enfant au cœur de la réussite

Je reçois régulièrement des appels d'orthopédagogues, de parents, d'enseignantes, de directions d'école et de professionnels me demandant de préparer avec eux un PRI. Je reçois aussi occasionnellement des témoignages de parents qui ont pris connaissance des modalités de gestion et d'élaboration du PRI et qui utilisent cette approche avec leur enfant. Leurs témoignages me confirment l'efficacité de la démarche proposée à l'élève et appliquée selon les conditions prévues au PRI.

Depuis 1997, je travaille plus particulièrement avec une orthopédagogue dans une école primaire et, grâce à cette collaboration, nous avons eu la possibilité d'élaborer plusieurs PRI et d'en évaluer les résultats.

En voici un exemple. En 1998-1999, une enseignante d'une classe de cinquième année et de sixième année accueille 26 élèves, dont 8 élèves de sixième année présentant des retards pédagogiques et 18 élèves de cinquième année. Au début de l'année, elle constate que les élèves de sixième année n'ont pas atteint plusieurs objectifs de cinquième année et que leur retard pédagogique est si grand qu'ils réussissent moins bien des tâches de cinquième année que les élèves de ce niveau. Le défi à relever pour les élèves de sixième année est de taille, car l'enseignante veut les préparer à la réussite de leurs études secondaires.

En début d'année, l'orthopédagogue évalue tous les élèves de la classe à l'aide de l'*Examen diagnostique de la lecture. Niveau intermédiaire* (Armand et Sabourin, 1995). Parmi les huit élèves de sixième année, un présente des troubles associés à la dysphasie, un autre manifeste des problèmes de dyslexie, deux autres élèves présentent de graves difficultés d'apprentissage et les quatre autres ont entre un an et deux ans de retard dans leurs apprentissages.

À partir d'octobre 1998, nous rencontrons conjointement ces huit élèves dans le but de préparer avec eux un PRI. L'application du PRI débute donc vers le milieu du mois d'octobre et se poursuit jusqu'à la fin de l'année scolaire. L'orthopédagogue rencontre individuellement les élèves une fois par semaine pour vérifier leur cheminement, assurer la rééducation nécessaire à chacun et ajuster le PRI selon les besoins particuliers. Au cours de l'année, quatre rencontres des membres de l'équipe du PRI sont consacrées à la révision des plans et à leur adaptation aux diverses réalités observées. À la fin de l'année, les huit élèves sont de nouveau évalués à l'aide des mêmes examens, de l'analyse de leurs attitudes en classe et de l'ensemble des résultats obtenus au bulletin scolaire.

Nous avons procédé à l'analyse de l'ensemble de ces résultats. Le tableau 5.1 présente les résultats obtenus par les élèves au prétest et au post-test de l'examen « Les effets des pluies acides sur l'érable et le sapin ».

Élèves	Questionnaire écrit /26	Microprocessus /8	Processus d'intégration /8	Processus d'intégration A /2	Processus d'intégration B /8
	Prétest Post-test	Prétest Post-test	Prétest Post-test	Prétest Post-test	Prétest Post-test
Anna-Maria	17 20	8 8	5 6	2 2	2 4
Jean-Daniel	12 11	6 3	4 3	1 2	1 3
Jean-François	12 4	6 1	4 2	0 0	2 1
Jean-Philippe	11 19	4 7	2 6	1 2	4 4
Mathieu	8 13	4 7	4 4	0 0	0,5 2,5
Myriane	13 12	5 7	3 0	1 1	4 4
Sandra	19 18	8 8	6 7	1 2	4 1
Vicky	8 17	4 6	2 5	0 0	2 6

Ces résultats permettent de faire les constatations suivantes :

🐾 quatre élèves ont amélioré leurs résultats quant à quatre (2) ou à trois (2) objectifs en compréhension ;

🐾 ces quatre mêmes élèves ont maintenu leurs résultats quant à un (2) ou à deux (2) autres objectifs en compréhension ;

🐾 trois élèves ont obtenu des résultats inférieurs quant à quatre (1), à trois (1) ou à deux (1) objectifs du post-test.

Avant de conclure à l'efficacité ou à la non-efficacité du PRI pour ces huit élèves, nous avons analysé l'ensemble des différentes composantes pour obtenir un portrait plus réel et plus valide des résultats de chacun de ces huit élèves.

Voici quelques données tirées de cette analyse.

- Anna-Maria éprouve des difficultés causées par une dysphasie. Elle a très bien collaboré à la planification et à la réalisation de son PRI. Ses progrès sont très marqués en lecture et, selon l'enseignante, elle est beaucoup plus épanouie. L'enseignante et l'orthopédagogue recommandent une poursuite du PRI durant l'été et un classement pour septembre en première secondaire, étalé sur deux ans (classe de cheminement temporaire).

- Même si les résultats au post-test démontrent que Jean-Daniel présente un rendement inférieur à trois des objectifs de l'examen, l'enseignante et l'orthopédagogue évaluent très positivement ses progrès scolaires. Selon elles, Jean-Daniel a fourni beaucoup d'efforts, ses progrès sont énormes et il a très bien collaboré. Son classement prévu pour septembre est donc une classe ordinaire en première secondaire.

- Jean-François présente un retard pédagogique de plus de deux ans. Il ne semble pas motivé et il exprime très clairement son but, qui est de quitter l'école le plus vite possible afin de pouvoir gagner de l'argent. Il possède un bagage limité de stratégies cognitives et ne veut pas s'impliquer dans un PRI. Où ira-t-il? Quel sera le classement recommandé? Il ira en cheminement particulier continu.

- Jean-Philippe s'est beaucoup impliqué dans son PRI et a fourni beaucoup d'efforts. Aux dires de l'enseignante, ses progrès sont impressionnants. Elle suggère qu'il soit inscrit en première secondaire en septembre 1999.

- Mathieu a beaucoup changé et l'enseignante constate qu'il a fait d'énormes progrès et que ses résultats aux examens ne le démontrent pas suffisamment. Il est plus intéressé en classe, réalise mieux ses travaux de recherches et manifeste une plus grande autonomie. La recommandation de classement pour septembre est la classe en cheminement temporaire, où il lui sera possible de faire une première secondaire en deux ans, et l'orthopédagogue suggère aussi la poursuite d'un PRI durant l'été.

- Myriane éprouve de grandes difficultés d'apprentissage. Le PRI lui a permis d'améliorer quelques microprocessus en lecture, mais elle n'a pas fait les progrès attendus. Elle ne comprend pas très bien la tâche proposée et elle a besoin de développer plusieurs stratégies cognitives. Une aide plus intensive en rééducation accompagnée d'un PRI serait nécessaire pour lui permettre de réussir au secondaire. Elle doit cependant poursuivre un PRI comportant des objectifs des programmes du primaire. Elle sera donc classée en cheminement particulier temporaire.

- Sandra, même si ses résultats au post-test indiquent une baisse quant à deux objectifs, une hausse quant à deux autres et un résultat équivalent quant à un cinquième objectif, a réalisé d'énormes progrès. L'enseignante formule les commentaires suivants à son sujet : ses résultats au post-test traduisent cet état de panique. Elle pourra très bien réussir une première secondaire étalée sur deux ans.

Vicky possède un profil de dyslexie. L'aide reçue grâce au PRI lui a permis de rester à l'école, car elle s'absentait très souvent l'année précédente. Elle est maintenant plus intéressée par les activités en classe. Selon l'évaluation de l'enseignante et de l'orthopédagogue, elle a fait de très grands progrès, mais elle a des difficultés chroniques et elle devra poursuivre une démarche d'aide avec un PRI. L'enseignante suggère un classement en cheminement particulier au secondaire avec l'aide d'une orthopédagogue.

Ces résultats concernent plus particulièrement huit élèves, mais, tout au long de l'année scolaire 1998-1999 et depuis le début de l'année scolaire 1999-2000, j'ai planifié des PRI pour plusieurs autres élèves et j'ai assuré le suivi. Tous les intervenants engagés dans une telle démarche, de l'enfant aux parents, des intervenants scolaires aux intervenants du milieu socio-communautaire, observent une variable importante conditionnant la réussite du PRI : l'*autonomisation* du PRI par l'élève lui-même. Si l'élève s'implique très activement dans son PRI, s'il veut vraiment atteindre les buts qu'il se fixe et si la démarche respecte les diverses conditions inhérentes à la réussite d'un PRI, les résultats seront proportionnels au respect de ces différents facteurs. Le PRI représente un outil de travail très intéressant et parmi les plus efficaces. Il est cependant loin d'être une recette miracle ou de garantir une réussite magique. Son succès varie selon le respect des stratégies gagnantes déjà énoncées.

Le PRI permet de développer l'autonomie de l'élève, qui est d'ailleurs un des facteurs de réussite de l'enfant.

Pour Patrick et pour bien d'autres élèves, le PRI a servi de tremplin, et parfois même de bouée de sauvetage. Je constate presque quotidiennement, dans le milieu scolaire où je travaille, que le PRI, planifié sérieusement et appliqué selon les conditions présentées précédemment, contribue à la réussite scolaire des élèves et permet de prévenir le redoublement. Pour certaines orthopédagogues et certaines enseignantes, une telle démarche signifie un changement majeur dans la perception de leur rôle et de leur intervention pédagogique. Considérer l'élève comme l'acteur principal et comme l'artisan majeur de son plan de rééducation ne va pas de soi quand on est habituée à jouer le rôle principal et à agir comme experte auprès de l'élève.

Considérer l'élève comme un expert : un réflexe à développer!

Dans le PRI, le rôle principal appartient à l'enfant. Il revient à l'adulte de démontrer à l'enfant toute son importance et de lui faire comprendre qu'il est l'expert et que sa réussite lui appartient. Nous, les intervenants, l'accompagnons à l'aide d'un dialogue pédagogique favorisant ses progrès.

CONCLUSION

Au-delà des données des recherches, des intentions et des nombreuses actions visant à contrer le redoublement, il y a Pierre-Luc, Patrick, Mathieu, Vicky, Jean-François, Éric, Jean-Philippe, Sandra et bien d'autres élèves dont la réussite scolaire ne cesse de nous interpeller.

J'ai nourri ma réflexion en observant d'abord ces enfants aux prises avec des difficultés, en discutant avec eux, avec des orthopédagogues, des enseignantes, des parents et des directions d'école. J'ai par la suite consulté des données de recherches portant sur ce sujet tout en ne perdant pas de vue ma préoccupation première : comment prévenir le redoublement et assurer la réussite scolaire ?

Les facteurs de réussite et les stratégies gagnantes proposés dans les différentes recherches consultées ont guidé mes choix quant aux diverses modalités d'intervention. Dans ce processus de réflexion et de choix de moyens d'action, Patrick représente un point culminant. Grâce à lui, mon regard d'orthopédagogue et de conseillère pédagogique a changé et ma vision du plan de rééducation s'est de plus en plus précisée. Les facteurs de réussite et toutes les stratégies gagnantes, pourtant bien présents dans les résultats des recherches, ont revêtu une signification beaucoup plus pratique et réaliste. J'ai alors compris davantage le sens de cette phrase de Watzlawick : « C'est la théorie qui détermine ce que nous pouvons faire. »

Watzlawick a paraphrasé Einstein en écrivant : « C'est la théorie qui détermine ce que nous pouvons observer ». De fait, la théorie m'a bien servie durant ce long cheminement. Elle m'a permis de développer des savoir, des savoir-faire et aussi des savoir-être. Le PRI illustre bien ce développement et représente une démarche et des modalités d'intervention prometteuses et respectueuses de l'élève.

Je suis allée au-delà de mes connaissances et de mes intuitions de pédagogue, et les résultats des nombreuses interventions réalisées à l'aide du PRI m'ont tellement habitée et conquise que je souhaite qu'ils puissent inspirer d'autres intervenants dans différents milieux scolaire, familial, communautaire, privé et hospitalier. Pour moi, il ne suffisait pas de croire au PRI ; mon amour pour tous ces enfants aux prises avec des difficultés d'apprentissage m'incite à poursuivre ce cheminement vers la découverte et la mise en application de stratégies gagnantes pouvant prévenir le redoublement.

Si vous désirez, après la lecture de ce livre, formuler des commentaires ou me faire partager vos expériences pédagogiques ou orthopédagogiques, faites-le en m'écrivant aux adresses suivantes :

adoq@videotron.ca ou *jacinthe_leblanc@csmv.qc.ca*

Il me fera toujours plaisir de pousser plus loin la réflexion avec des gens qui ont à cœur le bonheur et la réussite scolaire des élèves.

Jacinthe Leblanc

Annexe 1A

FICHE D'ÉVALUATION – PREMIÈRE ANNÉE*

Date : _____

Nom de l'élève : _____

Date de naissance : _____ Âge : _____

Adresse du domicile de l'élève : _____

Téléphone à la maison : _____ Nom de l'école : _____

Rendement scolaire en français

Critères d'évaluation	Commentaires	Notes
1. L'enfant utilise différentes stratégies en lecture : • grapho-phonétique ; • contexte, illustrations ; • mots lus globalement ; • structure de la phrase (majuscule, point, structure syntaxique).		
2. Il lit et comprend de courtes phrases composées de mots simples (voir première activité).		
3. Il exécute une consigne (suites logiques composées de trois images ; voir deuxième activité).		
4. Il structure une phrase à l'aide de mots fournis (voir troisième activité).		
5. Il écrit son prénom et son nom.		
6. Il écrit de mémoire des mots familiers.		
7. Il écrit un court message (sans modèle).		

Sommaire du rendement en français : _____
_____
_____
_____

* Les objectifs proposés sur cette fiche ont été sélectionnés selon des critères d'exigences minimales afin d'orienter la décision concernant les services à offrir à un élève qui éprouve de sérieuses difficultés d'apprentissage. Cette fiche de compilation devrait être utilisée avant l'étude de cas pour les élèves qui terminent leur première année et pour qui se pose sérieusement la question relative à leur cheminement scolaire.

... suite

Rendement scolaire en mathématiques

Critères d'évaluation	Commentaires	Notes
1. L'enfant détermine le nombre d'éléments dans un ensemble.		
2. Il connaît la valeur des nombres jusqu'à 10.		
3. Il connaît les notions de quantité + et − .		
4. Il résout de petits problèmes (nombres < 5).		
5. Il classifie des objets selon certains critères (couleurs, formes, grosseurs, etc.).		
6. Il connaît les notions =, < et >.		
7. Il utilise quelques stratégies enseignées en classe(démarches, manipulations, etc.).		

Sommaire du rendement en mathématiques : _____
_____
_____
_____

Renseignements généraux : (attitudes, développement global, situation familiale et socio-affective, absences, etc.) _____
_____
_____

L'élève a bénéficié d'un plan d'intervention au cours des six derniers mois :
□ non   □ oui

L'élève reçoit de l'aide en orthopédagogie :
□ non   □ oui   Nom de l'orthopédagogue :_____

SOMMAIRE DE L'ÉVALUATION : _____
_____
_____

SUGGESTIONS : _____

Évaluation faite par : _____

Signature : _____ **Date de l'évaluation :** _____

Activités d'évaluation en français

Première activité (voir le deuxième point de la fiche d'évaluation, page 89)

Demander à l'enfant de lire les phrases de la page 92 et le noter selon la pondération suivante.

1. La pomme est rouge.	/4
2. J'aime ma maison.	/4
3. Papa joue avec le bébé.	/5
4. Mon chien a une niche.	/5
Total	/18

Deuxième activité (voir le troisième point de la fiche d'évaluation, page 89)

Avant la séance d'évaluation avec l'enfant, photocopier les illustrations et le texte du groupe A à la page 93 et les découper.

Lors de la séance d'évaluation, montrer d'abord les trois images à l'enfant et le laisser inventer sa propre histoire.

Ensuite, lui demander de placer les images selon l'ordre de son histoire.

Enfin, lui demander de placer chaque phrase écrite sur une bande de papier sous la bonne image.

Pondération : /3 (images) /3 (phrases)

Troisième activité (voir le quatrième point de la fiche d'évaluation, page 89)

Avant la séance d'évaluation, photocopier chaque phrase du groupe B (page 93 et les découper). Découper ensuite chaque mot dans chaque phrase.

Présenter une phrase à la fois à l'enfant (les mots de la phrase doivent être en désordre) et lui demander de la reconstituer.

Pondération : un point par mot bien positionné dans chacune des phrases.

Exercice de lecture

Lis les phrases suivantes.

1. La   pomme   est   rouge.

2. J'aime   ma   maison.

3. Papa   joue   avec   le   bébé.

4. Mon   chien   a   une   niche.

Groupe A

J'ai	une	banane	jaune.
La	banane	sourit.	
J'ai	mangé	toute	la	banane.

Groupe B

J'ai	un	ami.
Je	lave	ma	main.
Papa	a	une	auto	bleue.

Grille d'entrevue*

Nom de l'élève : _____ Date : _____

Responsable de l'entrevue : _____

But de la rencontre

- Pourquoi penses-tu que, toi et moi, nous prenons quelques minutes ensemble ?
- De quoi veux-tu que l'on parle ?
- Qu'est-ce qui est important pour toi ?

Perception de l'élève (détermination de ses forces, de ses besoins et des causes de ses réussites ou de ses difficultés)

- Parle-moi de tes travaux, de tes réussites, de ce que tu aimes le plus.
- Qu'est-ce que tu aimes le moins, dans quel domaine as-tu le plus de difficulté ?
- Si tu n'as pas d'idée, tu peux me montrer un travail ou une activité que tu as fait et m'en parler.
- Dis-moi pourquoi, parfois, tu réussis bien et pourquoi, parfois, ça va moins bien.
- Dans quelle matière penses-tu qu'il est le plus urgent pour toi de travailler *très fort* ?

Piste pour des solutions

- Quels moyens t'aident le plus ?
- Qu'est-ce que tu veux faire pour progresser rapidement ?
- Dans ce que tu veux faire, quels types d'activités préfères-tu ?
- Aimerais-tu que je te prépare un plan de travail où tu choisirais :
    - le matériel qui te convient le mieux ;
    - le moment pour réaliser tes activités ;
    - l'horaire, la durée et la fréquence des activités ?
- Aimerais-tu réaliser ce plan à l'école ou à la maison ?
- Veux-tu inviter tes parents pour leur présenter ton plan et voir avec eux comment ils peuvent t'aider ?
- Quand es-tu prêt à commencer ton plan ?
- Fixons ensemble notre prochaine rencontre.

Signature de l'élève : _____ Date de la prochaine rencontre : _____

* Cette entrevue vise à favoriser l'engagement de l'élève dans une recherche de solutions permettant de prévenir le redoublement et adaptées à ses besoins (voir aussi annexe 5).

Cahier de travail*

Nom de l'élève : _____ École : _____

Date de naissance : _____ Classe : _____

Nom des parents (ou tuteurs) : _____

N⁰ˢ de tél. : (rés.)_____ (trav.) _____

Adresse : _____

_____

_____

Nom de l'enseignante responsable : _____

Autres participants :	Nom	Fonction	N° de tél.
	_____	_____	_____
	_____	_____	_____
	_____	_____	_____
	_____	_____	_____
	_____	_____	_____

Nom de la personne responsable du cahier de travail : _____

Fonction : _____

Signature de la personne responsable : _____

Date : _____

* Les annexes 3A à 3W pourraient aussi être utilisées pour le portfolio de l'élève et le bilan de ses apprentissages.

Annexe 3B

Situation de l'élève

Planification de la collecte des informations

Nom de l'élève : _____

Aspects évalués	Avec quoi ?	Par qui ?	Quand ? Où ?
Développement de l'élève par rapport aux compétences disciplinaires : • langues • mathématiques, science et technologie • univers social et arts • développement personnel			
Compétences transversales : • ordre intellectuel • ordre méthodologique • ordre personnel et social • ordre de la communication			
Domaines d'expérience de vie : • vision du monde • santé et bien-être • orientation et entrepreneuriat • développement sociorelationnel • environnement • consommation • médias • vivre-ensemble et citoyenneté			
Autres :			

Annexe 3C

Situation de l'élève

Étape I

Rencontre avec l'enseignante responsable

Description sommaire de la situation de l'élève :

Points forts	Besoins

Actions déjà entreprises	Résultats obtenus

Nom de l'élève : _____

Nom de l'enseignante responsable : _____

Enseignante rencontrée par : _____ Date : _____

Date du rapport : _____

Annexe 3D

Situation de l'élève

Rencontre avec l'élève

Conscience de l'élève relativement à la situation :

Points forts	Besoins

Réaction de l'élève à la démarche d'aide envisagée :

Nom de l'élève : _____

Élève rencontré par : _____ Date : _____

Date du rapport : _____

Annexe 3E

Situation de l'élève

Étape 1 *Développement de l'élève (compétences disciplinaires)*

Nom de l'élève : _____

Points forts   Besoins

Langue

Lecture

Écriture

Mathématiques

Sciences

Technologie

Développement personnel

Annexe 3F

Situation de l'élève

Compétences transversales

Étape 1

Nom de l'élève : _____

Points forts   Besoins

Ordre intellectuel

Ordre méthodologique

Ordre personnel

Ordre social

Ordre de la communication

Annexe 3G

Situation de l'élève

Domaines d'expérience de vie

 **Étape 1**

Nom de l'élève : _____

Vision du monde	Santé et bien-être
Orientation et entrepreneuriat	**Développement sociorelationnel**
Environnement	**Consommation**
Médias	**Vivre-ensemble et citoyenneté**

Annexe 3H

Analyse de la situation

Nom de l'élève : _____

Date : _____

Responsable : _____

	Élève	Environnement
Points forts		
Besoins		

Besoins prioritaires : _____
_____
_____
_____
_____
_____
_____
_____

Annexe 3I

Sélection des compétences et des ressources, et utilisation

Étapes III, IV et V

Nom de l'élève : _____ Date : _____

Plan préparé par : _____

N° de téléphone de l'enfant : _____ Début du plan : _____

COMPÉTENCES	PLANIFICATION DES MOYENS D'ACTION		
	Activités – Stratégies	Responsabilités	Moments

Annexe 3J

Réponse de l'élève, évaluation et révision du plan

Étapes VI, VII et VIII

Nom de l'élève : _____

PLANIFICATION DE L'ÉVALUATION				MODIFICATION DU PLAN
Critères établis	Notation	Moments	Communication et conservation des résultats	Révision de l'ensemble des modalités

Annexe 3K

Sélection des compétences et des ressources, et utilisation
(exemple)

Étapes III, IV et V

Nom de l'élève : _____ Date : _____

Plan préparé par : _____

N° de téléphone de l'enfant : _____ Début du plan : _____

COMPÉTENCES	PLANIFICATION DES MOYENS D'ACTION		
	Activités – Stratégies	Responsabilités	Moments
Lecture • Maîtriser les connaissances nécessaires à l'utilisation de l'entrée grapho-phonétique	• Application d'un programme d'entraînement en lecture • Activités de décodage en dénombrement flottant (manipulation, classement, jeux) selon une programmation rigoureuse tenue dans un journal de bord	• L'orthopédagogue supervise l'activité et le programme est appliqué par un tuteur (élève de 5e ou de 6e) • Les parents à la maison • L'orthopédagogue	20 min par jour durant l'heure du dîner 5 soirs par semaine 15 min à chaque séance 15 min par jour 4 rencontres par semaine
• Comprendre les textes qu'il lit	• Lecture d'un petit livre (par ex. : coll. « Je lis tout seul ») et activités de compréhension • Histogramme pour suivre l'évolution et fiche « Mes progrès »	• L'orthopédagogue, un tuteur et les parents	environ 10 min chaque jour et 5 à 10 min le soir
Écriture • Maîtriser le code orthographique vu en classe	• Application du programme P.O.U.* • Regroupement des mots d'orthographe selon des caractéristiques ou des critères sémantiques ou morphologiques	• L'orthopédagogue, et les parents chaque soir pour l'étude des mots (au moins 5 mots par jour)	environ 10 min chaque jour
• Rédiger une production écrite de son niveau scolaire	• Application des techniques du texte libre selon différents thèmes ; écriture d'au moins 2 phrases chaque jour ; montage d'un code lexical et grammatical avec un référent facile à consulter (par ex. : « Mon classeur - le grimmoir », référentiel éd. L'Artichaut)	• L'orthopédagogue et les parents	10 min en classe chaque jour et 10 min à la maison

* P.O.U. : Programme d'orthographe d'usage préparé par une équipe d'orthopédagogues pour les élèves de 1re, de 2e et de 3e année (document inédit).

... suite

Sélection des compétences et des ressources, et utilisation

(exemple)

Étapes III, IV et V

Nom de l'élève : _____

COMPÉTENCES	PLANIFICATION DES MOYENS D'ACTION		
	Activités – Stratégies	Responsabilités	Moments
Géométrie Décrire certaines caractéristiques des solides et des figures planes	À l'aide de matériel, l'élève : • décrit la forme d'un objet (faces, sommets et arêtes) • classifie des objets • associe des objets entre eux • recherche sur des objets de son environnement des formes s'approchant du O, du ☐, du △ et du ▭ • compare différentes figures planes • réalise les activités de géométrie dans *Défi 2* (troisième unité)	Identiques à celles de l'objectif précédent	Identiques à ceux de l'objectif précédent
Mesure Établir des relations entre des longueurs (mètre, décimètre et centimètre)	À l'aide de matériel et d'unités de mesure non conventionnelles et conventionnelles, l'élève : • compare la longueur de 2 objets • estime la longueur en unités de mesure non conventionnelles et en unités de mesure conventionnelles, et mesure • détermine la longueur des objets en mètres, en décimètres ou en centimètres	Identiques à celles de l'objectif précédent	Identiques à ceux de l'objectif précédent

Sélection des compétences et des ressources, et utilisation
(exemple)

Étapes III, IV et V

Nom de l'élève : _____

COMPÉTENCES	PLANIFICATION DES MOYENS D'ACTION		
	Activités – Stratégies	Responsabilités	Moments
Nombres naturels • Composer et décomposer des nombres	À l'aide de matériel de manipulation, faire plusieurs activités : • grouper des objets • décrire des groupements • associer un nombre à un ensemble • déterminer d'après sa position la valeur d'un chiffre dans un nombre • lire et écrire tout nombre inférieur à 1000 Activités en numération et en jeux de nombres dans *Défi 2* Stratégie : pour chaque activité (par ex. : page bien faite), l'enfant colorie 5° sur un thermomètre afin de prendre conscience de ses progrès.	L'orthopédagogue planifie les étapes de travail et les supervise. L'enseignante fait effectuer ces étapes et les parents complètent avec l'enfant chaque soir. Les parents sont rencontrés par l'orthopédagogue et reçoivent les explications nécessaires. À la fin de l'activité, l'enfant colorie 5° sur son thermomètre, s'il y a lieu.	Chaque jour dans la classe durant la période de mathématiques 2 fois 30 min par semaine, avec l'orthopédagogue pour superviser les travaux et assurer la bonne marche du plan d'intervention
• Effectuer des opérations (soit mentalement ou par écrit) d'addition et de soustraction du niveau de 2e année	À l'aide d'outils tels les bingo-math et les jeux de nombres, effectuer diverses opérations d'addition ou de soustraction. La stratégie utilisée ici est la même que celle de l'objectif précédent. Ajouter le chronomètre pour le calcul mental.	Identiques à celles de l'objectif précédent	Les objectifs sont travaillés en classe durant la période de mathématiques et sont supervisés par l'orthopédagogue durant 2 séances de 30 min.

Annexe 3L

Réponse de l'élève, évaluation et révision du plan
(exemple)

Étapes VI, VII et VIII

Nom de l'élève : _____

PLANIFICATION DE L'ÉVALUATION				MODIFICATION DU PLAN
Critères établis	Notation	Moments	Communication et conservation des résultats	Révision de l'ensemble des modalités
Lecture Réussite d'environ 80 % aux activités	80 %	Chaque jour après chaque séance	Conserver les résultats sur la grille de performance, sur la fiche analytique et sur la feuille de route	
Transfert de ses connaissances dans les autres situations de lecture	Le transfert est noté sur une fiche analytique.	Après les activités de lecture de livres, chaque jour		
Compréhension de texte : 75 % de réussite avant d'augmenter les difficultés	75 %, notation sur une feuille de route	Après la lecture de petits livres	Envoyer aux parents tous les résultats (grilles, fiches, feuilles de route, histogrammes, etc.)	Après 6 semaines d'application du plan d'intervention
Écriture Réussite de chaque échelon du P.O.U. à 80 %	80 %, notation sur la feuille de route prévue à cet effet	Chaque jour après la séance	Conserver la feuille de route ; l'envoyer chaque vendredi aux parents	
Selon le seuil fixé pour chaque objectif (minimum : 80 % de réussite aux activités d'évaluation)	Sur une grille d'analyse des productions écrites	Analyse des productions écrites une fois par semaine	Révision de l'ensemble des modalités	
Réussite du code grammatical à 80 %	Exiger au moins 80 % de réussite pour chaque objectif travaillé	Activité formelle d'évaluation toutes les 2 semaines		

Signature de l'enseignante : _____ Date : _____

Signature de l'enfant : _____ Date : _____

Signature des parents : _____ Date : _____

... suite

Réponse de l'élève, évaluation et révision du plan

(exemple)

Étapes VI, VII et VIII*

Nom de l'élève : _____

PLANIFICATION DE L'ÉVALUATION				MODIFICATION DU PLAN
Critères établis	Notation	Moments	Communication et conservation des résultats	Révision de l'ensemble des modalités
Nombres naturels Exiger au moins 80 % de réussite pour l'ensemble des activités	Résultats des évaluations formatives, observation et notation sur la fiche analytique	Notation des résultats et des observations au moins une fois par semaine	Envoi de la fiche analytique aux parents une fois semaine	Après 6 semaines d'application du plan d'intervention
Géométrie Identiques à ceux de l'objectif précédent	Identique à celle de l'objectif précédent	Identiques à ceux de l'objectif précédent	Identiques à celles de l'objectif précédent	Identique à celle de l'objectif précédent
Mesure Identiques à ceux de l'objectif précédent	Identique à celle de l'objectif précédent	Identiques à ceux de l'objectif précédent	Identiques à celles de l'objectif précédent	Identique à celle de l'objectif précédent

Signature de l'enseignante : _____ Date : _____

Signature de l'enfant : _____ Date : _____

Signature des parents : _____ Date : _____

* Afin que l'élève acquière des habiletés métacognitives, lui demander souvent d'expliquer en ses propres mots la tâche qu'il doit accomplir et comment il pense y parvenir. Après la réalisation de la tâche, favoriser une démarche où l'élève note lui-même ses résultats (avec la grille thermomètre, par exemple). Il prend alors conscience de ses progrès.

Mes progrès

Nom de l'élève :_____ Âge : _____

Nom de l'orthopédagogue : _____

Jour et heure des rencontres : _____

Dates et heures	L, E ou M	J'ai fait mon travail...		
		sans aide	avec un peu d'aide	avec beaucoup d'aide

À ta rencontre avec l'orthopédagogue, tu as travaillé la lecture (L), l'écriture (E), les mathématiques (M). Écris un L, un E ou un M dans le tableau selon les matières que tu as travaillées avec l'orthopédagogue.

Annexe 3N

Fiche analytique

Nom de l'élève : _____

Cours : _____

Enseignante : _____

Compétences / Dates																			

Observations

Légende :   1. Réussit très bien   2. Réussit bien   3. Présente un peu de difficulté (a besoin d'aide)   4. Présente beaucoup de difficulté

Signature de l'enseignante

Signature des parents

Signature de l'élève

Annexe 30

Feuille de route · Compréhension en lecture

Nom de l'élève : _____

Sujet : _____

Nom de la responsable : _____

Tuteur : _____

Titre du livre

Dates												

Commentaires

Légende : 1. Réussite excellente   2. Réussite   3. Réussite partielle   4. Grande difficulté

Signature de la responsable _____

Signature des parents _____

Signature de l'élève _____

Fiche de compréhension en lecture

Fiche n° : _____ Nom : _____ Date : _____

Titre de mon texte : _____

Ma question :

_____
_____
_____
_____
_____

Ma réponse :

_____
_____
_____
_____
_____

Activités de mon choix (utilise au besoin une feuille supplémentaire pour faire ces activités):

1. J'illustre mon texte par un dessin.

2. J'écris un mot nouveau ou une information nouvelle qui vient du texte.

3. J'écris une nouvelle fin à l'histoire.

4. J'invente de nouveaux personnages.

5. Je choisis de faire l'activité _____ ou j'en invente une autre.

Annexe 3Q

Grille d'analyse des productions écrites

Nom de l'élève : _____ Sujet : _____

Nom de la responsable : _____ Classe : _____

Critères											
Dates											

Commentaires

Légende :   1. Réussite excellente   2. Réussite   3. Réussite partielle   4. Grande difficulté

Signature de la responsable

Signature des parents

Signature de l'élève

Annexe 3R

Grille thermomètre (mon cheminement)

Nom : _____

Critères : _____

_____

_____

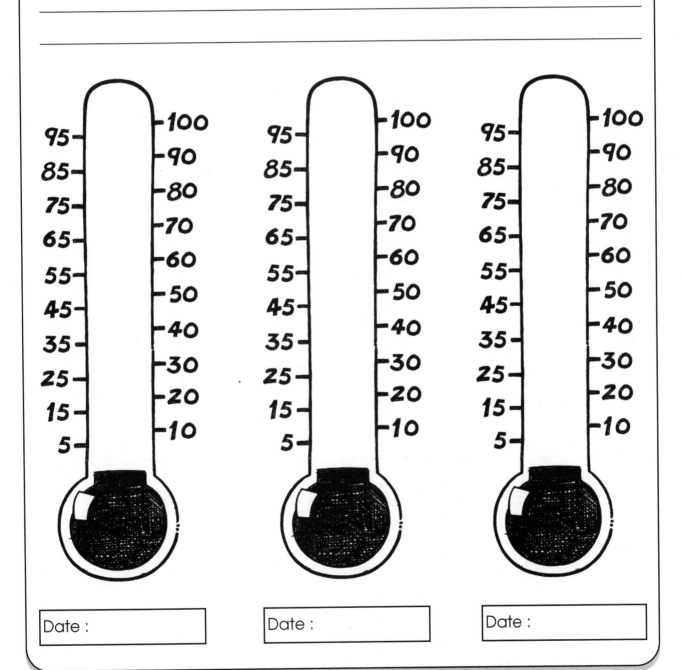

| Date : | Date : | Date : |

Annexe 3S

Mes apprentissages

Nom : _____

Ce que je sais

Ce que j'aimerais apprendre

Ce que j'ai appris

Annexe 3T

Mes mains, des aides pour classer mes idées

Nom : _____

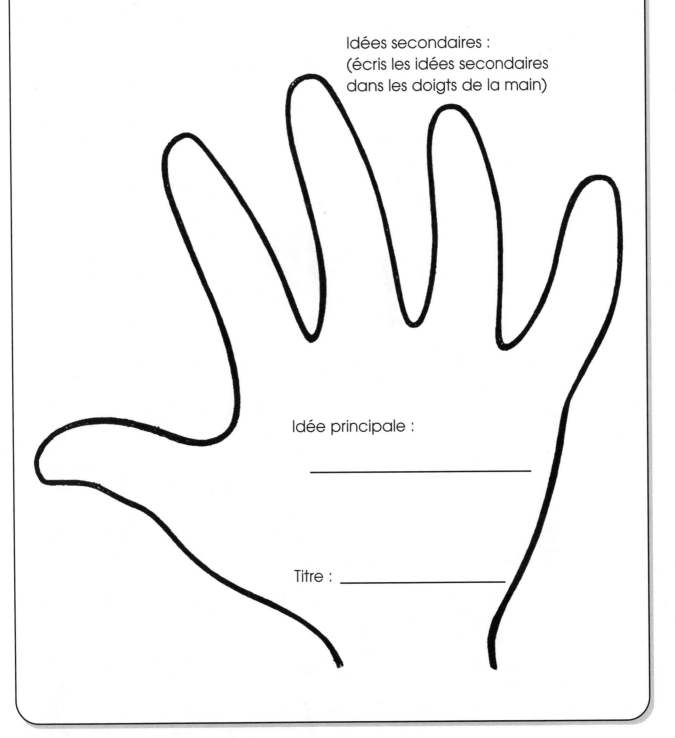

Idées secondaires :
(écris les idées secondaires
dans les doigts de la main)

Idée principale :

_____

Titre : _____

Annexe 3U

Une ronde d'idées

Nom : _____

Un plan pour me guider

Nom : _____

Quelle est l'idée principale ?

Quels sont les idées secondaires et les détails ?		

Qu'est-ce qu'il est important de comprendre ou de faire ?

Annexe 3W

Je compare, je classe

Nom : _____

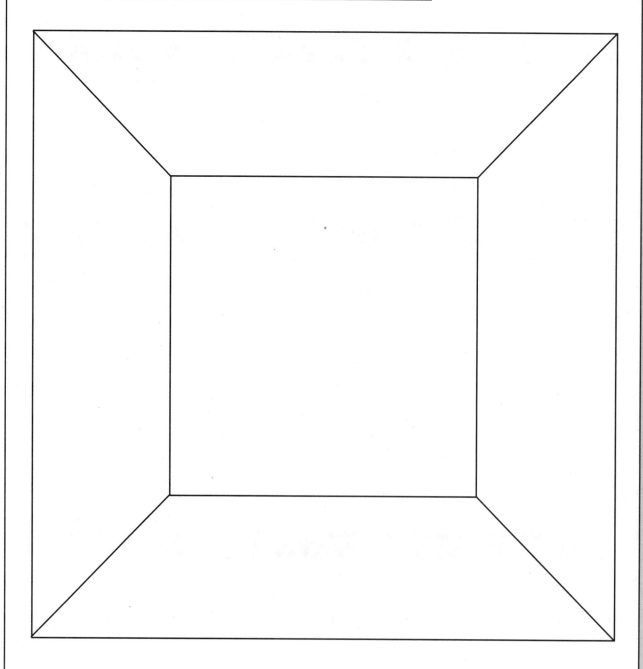

Annexe 4

Outil pour l'animation à l'aide de la carte conceptuelle

Nom : _____ Date : _____

Mise en situation :

Vous avez participé à une étude de cas où vous aviez à décider de la promotion d'un élève de votre classe ou de votre école. Vous étiez partagée entre une promotion avec de l'aide ou une reprise d'année. Faites valoir votre choix.

Réfléchissez à votre choix et notez les arguments que vous utiliseriez pour expliquer votre point de vue aux membres de l'équipe.

Annexe 5

Plan de rééducation individualisé (PRI)

Nom : _____

Date de naissance : _____

Fait par : _____

Date : _____

Début : _____   Durée : _____

Forces	Moyens
Besoins	
Buts	

Signature de l'enfant : _____

APPENDICE 1

Les effets du redoublement

Le fait que des élèves reprennent une année scolaire entraîne des effets, qui peuvent être positifs ou négatifs. Une chose est certaine : le cheminement scolaire de l'enfant en est affecté. Quel sera le rendement de l'enfant à la fin de son année reprise, dans deux ans, dans cinq ans, à la fin de son cours primaire et à la fin de son cours secondaire ?

Quand des enseignantes discutent du redoublement, la plupart disent que les redoublants dans leur classe améliorent leurs résultats scolaires. Elles notent aussi que l'enfant se sent meilleur, est plus motivé et s'intéresse davantage aux activités de la classe. Très peu d'enseignantes vérifient la persistance de ces résultats à plus long terme, car elles sont très absorbées par leurs activités quotidiennes.

Au Québec, depuis le début de la présente décennie, de nombreuses recherches sur différentes problématiques reliées au redoublement ont été publiées (Bobash, 1995 ; Brais, 1994 ; Brais, Giroux, Simard, Tremblay et Pagé, 1996 ; Giard, 1996 ; Julien, 1996 ; Langevin, 1992 ; Leblanc et Duclos, 1990 ; Leblanc, 1991, 1998 ; Gouvernement du Québec, 1990, 1991, 1992, 1996 ; Paradis et Potvin, 1993 ; Ristic et Brassard, 1990 ; Pouliot, 1994 ; Robitaille-Gagnon et Julien, 1994 ; Zaed, Dionne et Bourque, 1990). À ces publications, nous pouvons aussi ajouter des conférences, des ateliers de travail et des sessions de formation.

Le terrain n'est pas *vierge*. Il a déjà été occupé par de nombreux intervenants intéressés par la question du redoublement. Et on ne tient pas uniquement compte ici des recherches menées au Québec, mais tout répertorier serait trop long. Aux États-Unis, par exemple, au début du siècle, Keyes (1911) a comparé les résultats de 5000 redoublants dont l'âge variait entre 7 et 13 ans à ceux de 5000 élèves promus dont les résultats scolaires étaient comparables au moment de décider de la promotion. Cette recherche a démontré qu'environ 20 % des redoublants obtenaient des résultats scolaires supérieurs à ceux des élèves promus. Chez 39 % des élèves redoublants, les résultats étaient comparables à ceux des élèves ayant reçu une promotion et, chez 40 % des élèves qui avaient repris leur année, les résultats étaient inférieurs à ceux des élèves promus.

Entre 1911 et 1996, au moins 90 recherches portant sur la question du redoublement ont été menées. Chacune d'elles a été analysée pour la préparation du présent ouvrage. Cette analyse portait principalement sur les effets du redoublement tels qu'ils ont été rapportés par différents auteurs.

L'ensemble des recherches sur la question du redoublement démontre que cette mesure profite à très peu d'élèves. Elle ne semble pas aider la majorité des redoublants. Que nous indiquent ces recherches quant aux effets du redoublement sur l'estime de soi du redoublant, sur sa motivation et sur son rendement scolaire ? La partie qui suit nous le présente très sommairement.

es effets sur son estime de soi

Quand les intervenants d'une école prennent la décision de faire reprendre une année scolaire à un élève, c'est, bien sûr, de bonne foi. Ils ignorent sans doute les résultats de nombreuses recherches faites auprès de groupes d'enfants qui ont redoublé. Que nous disent ces recherches quant aux effets du redoublement sur l'estime de soi?

Dans un rapport préparé par The Research Evaluation and Accreditation Committee, Chafe (1984) affirme que la mesure du redoublement conduit les élèves à une faible estime de soi, à une adaptation sociale difficile, à des attitudes peu positives envers l'école et à une forte propension à l'abandon scolaire.

Cependant, avant la publication de la recherche de Chafe, Finlayson (1977) a effectué une recherche sur l'effet du redoublement sur l'estime de soi. Dans cette recherche, il constate que les redoublants qui obtiennent de bons résultats scolaires durant l'année où ils redoublent améliorent leur estime d'eux-mêmes.

Plummer (1984) a observé les effets du redoublement chez des élèves de deuxième et de cinquième année. Elle constate que les redoublants possèdent une estime de soi significativement moins élevée que celle des élèves promus.

En 1977, Bocks a analysé les résultats de plusieurs études effectuées sur le sujet : ces études arrivent toutes à la conclusion que la mesure du redoublement nuit aux capacités d'adaptation de l'élève et à l'image que l'élève se fait de lui-même. L'adaptation personnelle et sociale des jeunes régulièrement promus est significativement supérieure à celle des redoublants. Ces derniers sont perçus par leurs pairs comme étant peu intéressants et ils ne reçoivent pas d'approbation sociale. Cette discrimination semble plus élevée chez les élèves de quatrième, de cinquième, de sixième année et de première secondaire.

Godfrey (1972) a effectué une étude auprès de 1200 élèves de sixième et de septième année afin de vérifier la différence dans la perception de soi entre les élèves redoublants et les élèves promus. Elle constate que les redoublants possèdent une très faible estime d'eux-mêmes et qu'il sont portés à rejeter le blâme sur des causes externes et hors de leur contrôle.

Haddad (1979) et Doss (1983), après avoir passé en revue des recherches internationales sur les redoublants, ont découvert que plusieurs redoublants abandonnent leurs études durant leur scolarisation au secondaire. Haddad (1979) a effectué une recherche dans la région de Philadelphie et a constaté que 90 % des garçons n'ayant jamais redoublé finissent leurs études secondaires, alors que, chez les redoublants, le taux de ceux qui les complètent n'est que de 25 %.

Dans toutes les recherches consultées, aucun auteur n'indique clairement si les élèves retenus manquent une année parce qu'ils ont une faible estime d'eux-mêmes ou s'ils ont une faible estime d'eux-mêmes parce qu'ils ont redoublé une année.

Même si, chez certains élèves, la perception de soi s'améliore l'année où ils redoublent, il semble évident, selon les différentes études, que cette perception ne dure que peu de temps. Les points de vue quant aux effets de cette mesure sur l'estime de soi divergent, mais une dimension commune à la majorité des auteurs consultés apparaît : *à long terme, cette mesure pourrait nuire à l'élève.*

es effets sur la motivation

Si un élève est promu, alors que ses résultats ne lui valent pas une promotion, quelle leçon en tire-t-il ? Quelle motivation pourrait-il avoir à travailler sérieusement dans un système de promotion *automatique* ? Cette question nous incite à réfléchir, et Owen et Ronick (1977, p. 531) émettent un commentaire traduisant bien toute la portée de cette question : *« If a child knows he will not be required to achieve in order to be promoted, he frequently loses his motivation to try to learn and, besides falling behind himself, disrupts the classroom and hinders others students' learning*[1]. »

Quand nous analysons les effets du redoublement sur la motivation de l'élève, nous sommes aux prises avec le *dilemme de la poule ou de l'œuf* : l'enfant redouble-t-il parce qu'il n'est pas motivé à l'école ou le redoublement risque-t-il de produire des effets négatifs sur sa motivation ?

Les seules études connues portant sur les effets de la mesure du redoublement sur la motivation sont celles d'Otto et Melby (1935), de Kowitz et Armstrong (1961) et de Scott et Ames (1969). Même si ces études ne sont pas récentes, leurs résultats n'en sont pas moins éclairants.

Otto et Melby ont effectué leur étude auprès de 352 élèves de deuxième et de cinquième année. Les classes avaient été divisées en groupe témoin et en groupe expérimental. Les élèves du groupe témoin avait été avisés au début de l'année que, s'ils ne travaillaient pas bien, ils devraient redoubler leur année. Le groupe expérimental avait reçu la consigne que tous les élèves seraient promus, peu importe leurs résultats. À la fin de l'année scolaire, les auteurs de la recherche ne trouvèrent aucune différence dans le rendement fourni par les deux groupes. Les auteurs concluent en affirmant que la crainte du redoublement n'a pas d'effet significatif sur les résultats scolaires des enfants.

Kowitz et Armstrong ont découvert que les élèves qui savent qu'ils ne risquent pas de redoubler leur année augmentent le niveau de leur performance, tandis que ceux qui sont informés de la possibilité de redoubler leur année fournissent un moins bon rendement. Selon ces deux auteurs, non seulement la mesure du redoublement n'est pas motivante pour les élèves qui obtiennent de faibles résultats, mais elle est aussi nuisible. Cette mesure peut être la cause de plus faibles performances chez les élèves à qui nous offrons une mesure qui, croyons-nous, peut les aider.

---

1. « Si un enfant sait qu'on n'exige pas de lui un rendement qui serait normalement suffisant pour obtenir une promotion, il perdra, la plupart du temps, sa motivation à apprendre et, en plus d'accumuler du retard, il dérangera les élèves dans la classe et les empêchera d'apprendre. » (Traduction libre.)

Scott et Ames ont utilisé des techniques d'entrevue avec des parents, des enfants et des enseignantes. Les résultats de leurs entrevues indiquent que le redoublement a un effet bénéfique sur le comportement et le rendement. Le succès de cette mesure dépend de l'attitude des parents.

Goodlad (1954) a comparé des élèves promus à des redoublants du cours primaire. Il a effectué ses comparaisons avec des élèves provenant d'une même classe. Il en est venu à la conclusion que les redoublants adoptent des attitudes peu favorables envers l'école et que ces élèves éprouvent des difficultés comportementales.

Qu'adviendra-t-il du redoublant à la suite de la décision de lui faire reprendre sa première année? Sa motivation sera-t-elle affectée? Les résultats des recherches mentionnées ci-dessus et ceux tirés de diverses situations observées dans différents milieux scolaires au Québec ne sont pas contradictoires. À l'hiver 1998, lors d'un dîner-causerie avec des enseignantes et des enseignants d'une école de Longueuil œuvrant dans des classes allant du préscolaire à la sixième année, un enseignant de sixième année faisait part à ses collègues des données suivantes :

- parmi les 24 élèves de sa classe, 6 avaient déjà redoublé;
- 5 avaient repris leur première année et 1 élève avait repris sa deuxième année;
- les 6 élèves présentaient encore des difficultés;
- leur intérêt et leur motivation ne contribuaient pas à améliorer leur rendement scolaire.

Ces informations corroborent les données de la plupart des recherches. Les praticiens anticipent les résultats des chercheurs et ces derniers ne font bien souvent que les confirmer.

Les effets sur le rendement scolaire

On le sait déjà, le faible rendement scolaire représente une des principales causes conduisant à la décision du redoublement. Ne faudrait-il pas alors s'attendre à des effets bénéfiques de cette mesure sur le rendement scolaire du redoublant? Ce dernier obtiendra-t-il de meilleurs résultats en reprenant son année? Sans doute est-ce la question qui vous intéresse le plus et auquel vous désirez obtenir une réponse sans équivoque et sans compromis...

Le rendement scolaire des redoublants retient l'attention de nombreux chercheurs. Est-ce que la mesure du redoublement affecte positivement ou négativement le rendement scolaire de l'élève? Cette question doit être considérée en fonction de deux aspects importants : les résultats à court terme et les résultats à long terme.

Dobbs et Neville (1967) ont étudié les effets de la mesure du redoublement durant les premières années de scolarisation. Ils ont jumelé des élèves promus à des redoublants, les deux groupes présentant des rendements scolaires équivalents. Après deux ans d'expérimentation, les résultats ont démontré que les élèves promus obtiennent des résultats significativement supérieurs à ceux des redoublants en lecture et en mathématiques.

Dans une étude effectuée sur une période de six ans, Abidin, Golladay et Howerton (1971) affirment que les redoublants subissent une détérioration continue de leur rendement scolaire et intellectuel durant leur scolarisation au primaire. Tout en étant beaucoup plus récents, les résultats rapportés par l'enseignant de sixième année d'une école de Longueuil ressemblent énormément à ceux de cette recherche.

Après avoir analysé 25 études portant sur la problématique de la mesure du redoublement, Rose, Medway, Cantrell et Marus (1983) ont constaté que les élèves promus font en moyenne, sur une période d'une année scolaire, un progrès beaucoup plus marqué comparativement aux redoublants. L'écart entre les deux groupes varie de quatre à six mois en faveur des élèves promus même si, au départ, ces derniers présentent un rendement scolaire comparable à celui des redoublants.

Après avoir étudié l'influence de la mesure du redoublement sur les élèves, Schuyler et Ligon (1984) ont constaté que les redoublants terminent leur année scolaire redoublée avec une moyenne d'environ 85 % en lecture et d'environ 65 % en mathématiques. Les gains en lecture sont jugés satisfaisants, mais ceux en mathématiques sont considérés comme inférieurs aux résultats attendus. Dans cette étude, les auteurs comparent aussi les résultats des redoublants à la moyenne des résultats des autres élèves de leur classe. De façon générale, les redoublants ne rattrapent pas le niveau de leur groupe. Les auteurs constatent aussi que les élèves font plus de gains dans leurs apprentissages scolaires l'année même où ils redoublent, mais que ces gains chutent l'année suivante, après une promotion dans une autre classe.

Ce n'est pas d'hier que nous nous préoccupons des effets du redoublement sur le rendement scolaire des élèves. Déjà en 1911, Keyes indique que seulement 21 % des élèves obtiennent un rendement scolaire plus élevé après avoir redoublé une année. Dans une recherche qui date de 1936, Arthur note que les redoublants, deux ans après avoir redoublé, n'atteignent pas la moyenne de leur classe en lecture.

Utilisant le California Achievement Test, un test de rendement, Chansky (1964) a trouvé des différences significatives dans les résultats aux tests de vocabulaire et de lecture ; les résultats des redoublants sont inférieurs à ceux des élèves promus, de sorte que Chansky privilégie davantage la promotion de l'élève, accompagnée de mesures permettant de le suivre dans son développement.

Les données des recherches de Rose, Medway, Cantrell et Marus (1983) indiquent que les redoublants progressent d'environ six mois durant l'année où ils redoublent et maintiennent ce rythme de progression durant les deux années qui suivent le redoublement, de sorte qu'après trois ans, y compris l'année du redoublement, l'enfant se retrouve à nouveau avec un an de retard scolaire tout en étant âgé d'un an de plus que ses pairs.

Dans un programme innovateur préparé en Virginie, Owen et Ronick (1977) appliquent cette règle : « *No students would be promoted until they showed, on achievement tests, the mastery of the skills for their grades[2]* » (p. 531).

Selon ces deux auteurs, l'application d'un programme où les élèves doivent maîtriser les habiletés de leur classe pour être promus donne de bons résultats. Le nombre de redoublants diminue et le rendement scolaire s'améliore. Les élèves adoptent des attitudes plus positives, les résultats au test d'intelligence sont meilleurs et le pourcentage d'abandon scolaire diminue.

Que faut-il conclure des résultats de ces recherches ? Quelle sera *la bonne* décision pour les élèves en difficulté ? Quelles orientations ou quelles mesures d'aide bénéficieront le plus à ces élèves ? Dans un document publié par le ministère de l'Éducation (Gouvernement du Québec, 1996b), on fait état de la situation et on indique qu'en 1994-1995, 64 912 élèves ont redoublé dans les classes du primaire et du secondaire. Ce nombre représente 7,5 % des élèves inscrits dans ces deux niveaux d'enseignement et un coût de 327 208 224 $.

Dans l'étude citée au paragraphe précédent, les auteurs rapportent aussi des proportions d'élèves dits *non à l'heure* et qui devaient avoir 14 ans lors de l'examen d'écriture proposé aux classes de la troisième année du secondaire ou à leur équivalent. Une proportion importante de ces élèves, provenant de quatre milieux francophones différents, auraient redoublé une classe au primaire ou au début du secondaire :

- Nouveau-Brunswick : 26 %
- Québec : 36 %
- Belgique : 42 %
- France : 50 %

Les tableaux qui suivent vous donnent plus de précisions sur les résultats de plusieurs recherches portant sur le rendement scolaire, sur l'estime de soi et sur la motivation.

Les tableaux 1, 2 et 3 (pages 130 à 132) présentent les recherches effectuées sur le rendement scolaire des redoublants. Le tableau 1 couvre les recherches effectuées de 1911 à 1960 ; le tableau 2, celles effectuées de 1960 à 1980 ; le tableau 3, celles effectuées de 1980 à nos jours.

Plusieurs auteurs se sont intéressés aux effets de la mesure du redoublement sur la perception que l'élève a de lui-même. Le tableau 4 (page 133) présente ces effets.

La mesure du redoublement entraîne des conséquences. Quelques études traitent plus particulièrement de ce sujet. Le tableau 5 (page 134) regroupe les données de recherches effectuées de 1920 à 1980, et le tableau 6 (page 135), celles des recherches effectuées de 1980 à nos jours.

---

2. « Aucun élève ne sera promu sans avoir démontré qu'il maîtrise les habiletés requises dans sa classe. » (Traduction libre.)

TABLEAU **1** **Rendement scolaire des redoublants (1911 à 1960)**

Auteurs	Années	Sujets/classes	Instruments	Résultats des redoublants et conclusions des recherches
Keyes	1911	5000 1re à 7e	Résultats scolaires; bulletins	20 % : résultats > 39 % : égaux 40 % : résultats <
McKinney	1928	– 1re	Travaux scolaires	35 % : travaux + 53 % : travaux = 12 % : travaux -
Klene et Bransom	1929	– 2e à 6e	Tests de quotient intellectuel; dossiers scolaires; rendement scolaire	Utilisent peu leur potentiel
Farley, Frey et Garland	1933	– –	Tests de quotient intellectuel; rendement scolaire	Faible Q.I. = moins bons travaux
Arthur	1936	60 1re	Tests de quotient intellectuel; rendement scolaire	Apprennent moins en 2 ans qu'en 1 an
Coffield	1954	147 1re à 7e	I.T.B.S. (Iowa Tests of Basics Skills)	Différence plus significative chez les promus

TABLEAU **2** Rendement scolaire des redoublants (1960 à 1980)

Auteurs	Années	Sujets/classes	Instruments	Conclusions des recherches
Chansky	1964	– 1re	C.A.T. (Comprehensive Achievement Test)	Différence significative aux tests : vocabulaire et lecture meilleurs chez les promus
Dobbs et Neville	1967	60 1re et 2^e	M.A.T. (Metropolitan Achievement Test)	Résultats inférieurs à ceux des élèves promus
Koons	1968	142 1re et 2^e	M.A.T. S.A.T. (Stanford Achievement Test)	Résultats inférieurs
Abidin, Golladay et Howerton	1971	85 1re et 2^e	M.R.T. (Metropolitan Readiness Test)	Diminution significative des résultats et des habiletés
Godfrey	1972	– 6e et 7^e	T.I.A.R.S. (The Intellectual Achievement Responsability Scale)	Rendement inférieur

TABLEAU 3 Rendement scolaire des redoublants (1980 à nos jours)

Auteurs	Années	Sujets/classes	Instruments	Résultats des redoublants et conclusions des recherches
Sandoval et Hugues	1981	146 1re	L.R.S. (Light's Retention Scale)	Résultats inférieurs à ceux des élèves promus en mathématiques
Kerzner	1982	56 1re	C.T.B.S. (Comprehensive Test of Basics Skills)	Effets positifs en 2e et en 3e année
Rose, Medway, Cantrell et Marus	1983	– –	Analyse de 25 études	Redoublants : progrès de 6 mois/année ; promus : progrès de 8 à 12 mois/année
Elligett et Tocco	1983	– 1re, 2e et 3e	–	En 1re : rendement à 80 % ; en 2e et 3e : rendement inférieur à 50 %
Schuyler et Matter	1983	– –	I.T.B.S. (Iowa Tests of Basics Skills)	Rendement en lecture : 0,8 ; rendement en mathématiques : 0,6 ; élève promu : rendement en lecture : 1,1 ; rendement en mathématiques : 1,1
Rose	1983	6000	Statistiques rapports	20 % à 35 % apprennent plus ; 40 % apprennent moins
Martin et autres	1988	élèves Orléans – Tours C.P., C.M.	Statistiques régionales	Résultats non satisfaisants ; inutilité de redoubler si reprise de parcours
Bain	1988	population du primaire à Genève	Statistiques à Genève	17 % résultats satisfaisants ; 33 % à la limite ; 50 % résultats médiocres

TABLEAU 4 La perception que les redoublants ont d'eux-mêmes

Auteurs	Années	Sujets/classes	Instruments	Conclusions des recherches
Afinson	1941	232 Secondaire	Dossiers ; tests d'adaptation personnelle et sociale	Adaptation personnelle et sociale moins bonne
Sandin	1944	34 –	Tests scolaires ; entrevues ; dossiers	Peu de considération ; peu d'amis, peu d'approbation, mais bien évalués par l'ensemble des élèves
Goodlad	1954	– Primaire	Tests sociométriques C.T.P. (California Test of Personality)	Rejetés par les pairs, perçus négativement
Morrison et Perry	1956	– Primaire	Dossiers scolaires	Plus de discrimination et d'insatisfaction chez les élèves de 4e, de 5e et de 6e
Kowitz et Armstrong	1961	– 1re et 6e	The Faces Scale	Mesure non motivante et nuisible à l'élève
Godfrey	1972	1200 6e et 7e	T.S.C.S. (Tennessee Self Concept Scale) ; résultats scolaires	Nuit à l'estime de soi et à la perception de soi
Finlayson	1977	225 2e	T.S.C.S.	Ne nuit pas à la perception de soi

TABLEAU 5 Les conséquences de la mesure du redoublement (1920 à 1980)

Auteurs	Années	Sujets/classes	Instruments	Résultats des redoublants et conclusions des recherches
Buckhingham	1926	– –	Travaux scolaires	33 % travaillent mieux
Otto et Melby	1935	352 2e et 5^e	Tests de rendement scolaire en français et en mathématiques	Mesure non motivante ; en éviter l'utilisation
Goodlad, Coffield et Cook	1952	Primaire	Tests d'habiletés	Ne réduit pas l'écart des habiletés entre le redoublant et les autres
Chase	1968	65 1er, 2e et 3^e	Entrevues ; dossiers	Bénéfique à l'élève immature
Scott et Ames	1969	27 Primaire	Entrevues	Bénéfique pour le comportement et le rendement scolaire Résultats reliés à la perception des parents
Haddad	1979	– –	Revue de plusieurs recherches internationales	Prédicteur d'abandon scolaire au secondaire

Auteurs	Années	Sujets/classes	Instruments	Résultats des redoublants et conclusions des recherches
McAfee	1981	– –	–	Sans aide : résultats inférieurs ; avec aide : élèves promus
Doss	1983	– –	Données statistiques	Adaptation sociale moins bonne au secondaire ; quittent 5 fois plus l'école
Martin et autres	1988	Population d'élèves en France	Statistiques nationales	10,7 % terminent le secondaire ; 75,1 % chez les non-redoublants
Andrieu	1988	Population d'élèves du cours primaire au baccalauréat en France	Rapport financier	Coût inutile de 31 % pour l'État ; 25 milliards du cours primaire au baccalauréat

À la lumière de ces nombreuses recherches, nous pouvons constater que la situation est préoccupante. Il est donc intéressant de se pencher sur les expériences vécues par des intervenants de différents milieux scolaires aux prises avec la décision du redoublement. Quelles actions et quelles stratégies, préventives ou de soutien pour l'élève qui présente des retards pédagogiques, mettent-ils en œuvre ? L'appendice 2 répond à cette question.

APPENDICE 2

Les expériences de différents milieux scolaires

Cet appendice est consacré à des éléments jugés particulièrement pertinents dans la recherche de solutions au redoublement. Les solutions peuvent être de nature préventive ou prendre la forme de mesures d'aide proposées au redoublant.

Les études de Stennett et Earl (1982), à London, en Ontario, de Schuyler et Ligon (1984), dans la région d'Austin, aux États-Unis, d'Elligett et Tocco (1983), dans le comté de Pinellas, en Floride, et de Grisay (1989), dans la région de Liège, en Belgique, méritent d'être rapportées, car elles fournissent des informations très pertinentes pouvant éclairer la recherche de solutions au redoublement.

Des éléments d'information émanant d'une analyse comparative des résultats de 11 commissions scolaires du Québec (Raymond, Champoux et Leblanc, 1988) apportent également des éléments de solutions susceptibles d'orienter nos décisions.

n Ontario, Stennett et Earl

Dans un milieu scolaire de London, en Ontario, Stennett et Earl (1982) ont effectué une recherche s'échelonnant de l'année scolaire 1978-1979 à l'année scolaire 1982-1983. Ils ont considéré l'ensemble des élèves inscrits en première année en 1978-1979 et, par la suite, ils ont relevé le nom de tous ceux qui n'ont pas atteint la classe de quatrième année en 1981-1982. Ils ont ainsi obtenu une liste de 216 élèves, soit environ 8 % des élèves inscrits en première année en 1978-1979. Ces élèves ont constitué le groupe étudié dans leur recherche.

À l'automne 1981, l'ensemble des écoliers de ce groupe ont passé un test d'intelligence (Otis, Q.I.) et un test de compréhension des habiletés de base (CTBS). Les auteurs de cette recherche se sont intéressés aux variables suivantes : le sexe, le mois et l'année de naissance, les évaluations du rendement en langage et en mathématiques des élèves en première année et les évaluations du rendement en langage et en mathématiques des élèves en deuxième, troisième et quatrième année.

Les résultats aux tests d'intelligence (Otis) et aux tests de compréhension des habiletés de base (CTBS) ont servi à l'analyse de la situation des élèves en quatrième année, et cette analyse de la situation a été comparée à celle des redoublants ou des élèves inscrits en classe spécialisée. Les auteurs cherchaient principalement à décrire la relation entre les élèves reconnus très tôt comme étant en difficulté et leurs rendements futurs.

Après avoir analysé les résultats de leur recherche, Stennett et Earl ont relevé plusieurs aspects intéressants. Ces aspects sont les suivants :

🐾 les enseignantes des écoliers reconnus très tôt comme étant en difficulté envoient moins d'élèves en classe spécialisée que les enseignantes dont les élèves de ce type sont repérés plus tard ;

- seulement 20 % des élèves évalués comme étant en difficulté scolaire reçoivent de l'aide ; les auteurs notent l'importance de réévaluer les modalités de l'aide apportée à ces derniers ;

- parmi la liste des 216 élèves, le nombre de garçons est plus élevé que celui des filles et le nombre d'enfants plus jeunes sur le plan chronologique est aussi plus élevé ;

- la fréquence du redoublement en deuxième ou en troisième année est supérieure à celle observée en première année ;

- les élèves en deuxième ou en troisième année reçoivent deux ou trois fois plus d'aide que ceux en première année ;

- aux tests d'intelligence et de rendement scolaire, les redoublants obtiennent des résultats inférieurs à ceux des élèves ayant une année de moins de scolarisation.

Les études de Stennett et Earl méritent surtout d'être consultées si on songe à établir un plan d'intervention faisant appel à des mesures préventives. Les auteurs n'ont pas évalué l'efficacité de la mesure du redoublement. Leurs analyses portent sur des données factuelles relatives à l'influence d'un programme d'évaluation précoce des capacités de l'élève.

u Texas, Schuyler et Ligon

En avril 1984, un rapport présenté par The Office of Research and Evaluation (ORE) proposait une analyse de la situation des redoublants à Austin, au Texas, aux États-Unis. Schuyler et Ligon sont les auteurs de ce rapport et ils y décrivent les objectifs, les méthodes, les données et les résultats d'une politique sur la question du redoublant à Austin.

Après deux ans d'étude sur la question du redoublement, les auteurs en sont venus à la conclusion suivante : les méthodes ou les moyens traditionnels utilisés lorsqu'il y a redoublement ne sont pas appropriés. Par méthodes ou moyens traditionnels, les auteurs entendent principalement un redoublement d'année dans un contexte semblable à celui de l'année précédant le redoublement : offrir à l'enfant un programme équivalent et des moyens d'apprendre et une approche similaires ne serait pas bénéfique. Par ailleurs, les auteurs concluent en affirmant que la décision de faire redoubler un élève doit être prise en fonction des résultats de cet élève et non en fonction d'une moyenne de groupe.

Schuyler et Ligon (1984) ont effectué leur étude en collaboration avec les intervenants du milieu scolaire. Leur méthode de recherche s'apparentait à celle de la recherche-action. Après avoir consulté les enseignantes, ils ont constaté que seulement 40 % de ces dernières se sentaient suffisamment préparées pour aider les redoublants ; les enseignantes ont aussi mentionné qu'elles ont été amenées à changer leurs modèles d'intervention après que la décision de faire redoubler un élève a été prise.

Les intervenants ayant participé à cette recherche jugent positivement les résultats obtenus par la mesure du redoublement, car cette mesure offre aux élèves la chance de rattraper leurs pairs. Une aide spéciale, sous la forme de cours d'été, est aussi offerte aux élèves. Des résultats légèrement supérieurs sont notés en mathématiques durant l'année du redoublement. Cependant, les redoublants ne rattrapent ni les élèves de la classe où ils sont placés ni, évidemment, ceux de la classe supérieure. Les élèves promus, malgré de faibles résultats scolaires, font plus de gains, en un an, en deux ans et en trois ans, que les redoublants.

Le fait d'offrir une aide spéciale aux élèves en difficulté, d'aider les enseignantes à ajuster leurs interventions auprès de ces élèves et d'apporter une aide particulière aux écoles aux prises avec des problèmes de redoublement, contribue à diminuer le nombre de redoublants.

Après trois ans d'expérimentation, Stennett et Earl ont constaté que les élèves promus, même s'ils obtiennent de faibles performances, présentent des résultats scolaires supérieurs à ceux des élèves redoublants après un an, deux ans et trois ans. Dans leur conclusion, les auteurs fournissent quelques orientations découlant de leurs recherches. Les voici en résumé :

- la décision de faire redoubler une année à un élève doit être prise uniquement en fonction des résultats de cet élève ;
- cette décision doit tenir compte de l'opinion des enseignantes et des parents, et des résultats de l'élève aux tests portant sur les habiletés de base en lecture et en mathématiques.

n Floride, Elligett et Tocco

À l'automne 1977, dans le comté de Pinellas, en Floride, où se trouvent plus de 90 000 élèves, une politique de promotion est mise en application. Cette politique contient les points suivants :

- aucun élève ne doit être promu si la mesure du redoublement peut être plus profitable ; cependant, aucun élève ne doit être retenu plus de deux fois dans une même classe et plus de deux fois entre la première et la cinquième année ;

- les mêmes critères de promotion doivent être utilisés par les 88 écoles du territoire ;

- les critères de promotion utilisés durant les premières années du primaire doivent être plus sévères dans le but de permettre aux élèves des classes plus avancées (neuvième, dixième et onzième année) de réussir avec un minimum de compétence ;

- la politique établie doit assurer aux élèves du secondaire un diplôme qui soit valable et de qualité, et reconnu comme tel par les parents et les employeurs.

Au printemps 1977, 4 % de tous les élèves sont retenus ; en 1978, ce pourcentage s'élève à 12 % ; en 1979, à 8 %, en 1980, à 7 %, et entre 6 % et 7 % en 1981 et en 1982.

Selon les auteurs d'une étude portant sur le redoublement dans ce comté de la Floride, les élèves retenus dans les premières années de scolarisation font plus de progrès que ceux retenus dans les classes plus avancées. Les résultats des redoublants sont meilleurs entre l'année où ceux-ci redoublent et l'année suivant leur promotion. Plus les élèves se situent dans des classes avancées, moins les pourcentages d'augmentation de leur rendement en lecture et en mathématiques sont élevés. Le tableau 1 ci-dessous présente les pourcentages du rendement des élèves, et la différence entre les années constitue le pourcentage d'augmentation de leur rendement.

L'analyse de l'ensemble des résultats de cette étude permet d'affirmer que le rendement scolaire des élèves s'améliore durant l'année qu'ils reprennent et durant l'année suivante. Cependant, cette étude ne tient pas compte des conséquences socio-affectives découlant d'une telle mesure sur les écoliers. De plus, les auteurs ne présentent pas les résultats des élèves au cours des années subséquentes, même si nous pouvons inférer que, à plus long terme, les effets positifs de la mesure du redoublement sur le rendement scolaire des élèves s'amenuisent.

Une analyse plus approfondie de cette étude permet de dégager deux aspects majeurs :

- l'importance d'informer très tôt les parents des résultats de leur enfant ;
- l'importance de maintenir des mesures spéciales d'aide aux redoublants, non seulement durant l'année où ils redoublent, mais aussi durant les années subséquentes.

TABLEAU 1 Pourcentages du rendement des redoublants l'année du redoublement, l'année précédente et l'année suivante

	Avril 1978	Avril 1979 (redoublement)	Avril 1980	Pourcentage d'augmentation du redoublement
Lecture 1re	23	62	39	16
3^e	11	33	29	18
6^e	11	21	20	9
Mathématiques 1re	20	66	58	38
3^e	31	69	51	20
6^e	11	23	24	13

En Belgique, Grisay

Dans la région de Liège, où un tiers environ des écoliers belges francophones redoublent au moins une année durant le cours primaire, le ministère de l'Éducation nationale a mandaté le service de pédagogie expérimentale de l'université de Liège pour faire une recherche sur le redoublement.

Cette étude, effectuée par Grisay (1989), s'intitule *Amélioration des pratiques d'évaluation-bilan en vue d'une réduction des redoublements (APR)*. Elle a été réalisée entre les années 1984 et 1989. Environ 9000 élèves des classes de la première à la sixième année inclusivement y ont participé. Elle a fourni des données nouvelles qui ont permis aux intervenants d'ajuster les pratiques d'évaluation servant à prévenir le redoublement des élèves. Dans le cadre de cette recherche, l'évaluation-bilan a été choisie comme «porte d'entrée» (p. 5) pour une intervention visant à réduire l'échec scolaire.

Dès la troisième année d'application de l'évaluation-bilan, les intervenants du milieu ont constaté une chute significative des taux de retard scolaire dans toutes les classes. En 1987-1988, comparativement à l'année scolaire 1983-1984, il y avait de 10 % à 12 % moins d'élèves de troisième, de quatrième et de cinquième année qui éprouvaient des difficultés. Dans l'ensemble, les écoles qui ont participé à cette recherche ont enregistré une baisse d'environ 8 % de redoublants.

L'évaluation-bilan consiste à évaluer les apprentissages de l'élève et à dresser son profil d'apprentissage. Cette évaluation est faite en collaboration avec un orthopédagogue. Après cette évaluation, un plan de travail est préparé pour l'enfant. Ce plan est appliqué en classe ou à la maison. Selon le type de difficulté ou la sévérité du retard pédagogique, l'enfant peut recevoir l'aide d'une orthopédagogue pour réaliser son plan.

Dans 11 commissions scolaires du Québec

Au Québec, très peu d'études ont été réalisées pour vérifier l'efficacité de la mesure du redoublement. Cependant, depuis le début des années 90, nous disposons de nombreux éléments descriptifs nous permettant de mieux cerner la problématique du redoublement (Ayotte, 1992 ; Brais, 1991, 1994 ; Brais, Giroux, Simard, Tremblay et Pagé, 1996 ; Côté, 1996 ; Giard, 1996 ; Girard, 1996 ; Julien, 1996 ; Langevin, 1992 ; Meunier, 1996 ; Gouvernement du Québec, 1992, 1996b ; Paradis et Potvin, 1993 ; Pouliot, 1994 ; Ristic et Brassard, 1990 ; Robitaille-Gagnon et Julien, 1994).

Outre les éléments bibliographiques mentionnés ci-dessus, nombre de textes inédits, d'articles de journaux, de revues ou de magazines, d'émissions diffusées à la radio ou à la télévision et de conférences ou d'ateliers ont traité du sujet du redoublement. La situation des élèves qui présentent des retards pédagogiques fait réfléchir un très grand nombre d'intervenants dans différents milieux scolaires.

En 1987-1988, une équipe formée de coordonnateurs et de coordonnatrices et de conseillers et de conseillères pédagogiques en adaptation scolaire de la région de la Montérégie, région située au sud de Montréal, a procédé à une recherche (Raymond, Champoux et Leblanc, 1988) sur l'état du redoublement dans 11 commissions scolaires de cette région. Les résultats de cette recherche sont particulièrement intéressants.

Dans la partie qui suit (page 144), les tableaux 2, 3 et 4 présentent les pourcentages de redoublants dans chaque classe du premier cycle du primaire et les tableaux 5, 6 et 7 présentent les pourcentages de redoublants dans chaque classe du deuxième cycle du primaire.

Pour des raisons d'anonymat, chaque commission scolaire est désignée par un numéro. En abscisse, figure le numéro attribué à chaque commission scolaire et, en ordonnée, le pourcentage de redoublants est indiqué.

Dans l'ensemble des 11 commissions scolaires, la pratique de faire redoubler une année au premier cycle du primaire est plus répandue en première année. Le pourcentage moyen de redoublants pour cette classe est de 5,8 % (tableau 2), alors qu'il est de 3,6 % en deuxième et en troisième année (tableaux 3 et 4).

Le pourcentage moyen de redoublants dans chaque classe du deuxième cycle s'établit comme suit :

🦋 quatrième année : 3,2 % (tableau 5) ;

🦋 cinquième année : 3,3 % (tableau 6) ;

🦋 sixième année : 2,2 % (tableau 7).

La commission scolaire portant le numéro 11 est celle qui fait le plus redoubler d'élèves tant au premier cycle qu'au deuxième cycle, alors que, pour l'ensemble des classes, la commission scolaire numéro 9 est celle qui utilise le moins la mesure du redoublement.

Les tableaux 8 et 9 (page 145) présentent les informations permettant de situer le pourcentage moyen de redoublement pour chaque cycle du cours primaire. Les données inscrites dans ces tableaux montrent que le premier cycle du primaire reçoit plus de redoublants que le deuxième cycle.

Étant donné les écarts marqués dans les pratiques de redoublement entre les différentes commissions scolaires, leurs pourcentages de redoublants pour l'année scolaire 1986-1987 ont aussi été comparés. Le tableau 10 (page 145) illustre cette comparaison.

Les pratiques de redoublement sont plus particulièrement divergentes à la commission scolaire 9 et à la commission scolaire 11. Dans le cas de ces deux dernières, le nombre d'élèves par classe et le pourcentage de redoublants dans chaque classe ont donc été relevés, toujours pour l'année scolaire 1986-1987. Ces données figurent dans le tableau 11 (page 146).

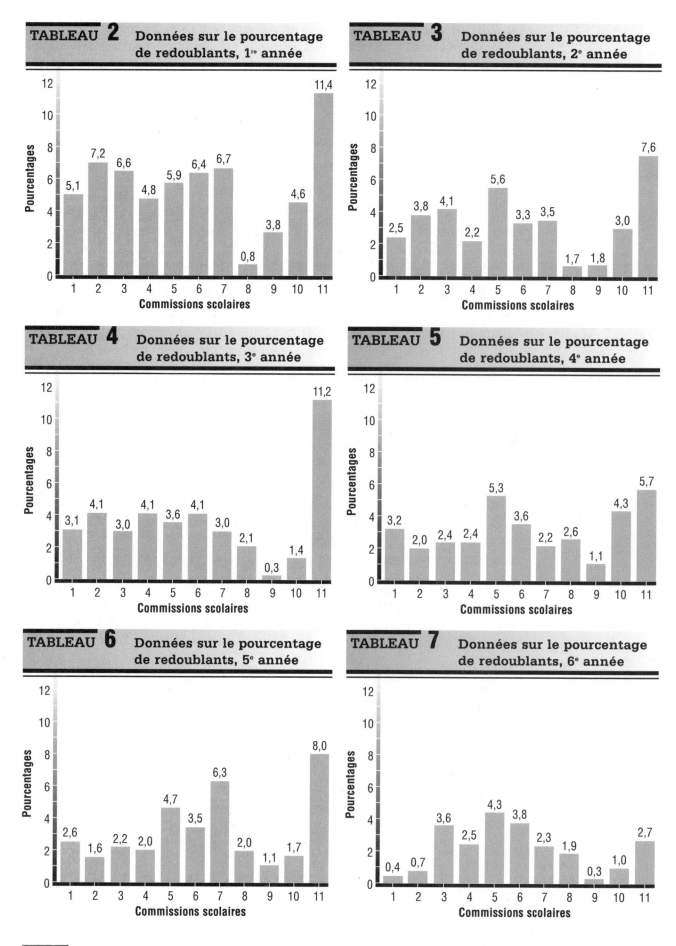

TABLEAU **2** Données sur le pourcentage de redoublants, 1ʳᵉ année

TABLEAU **3** Données sur le pourcentage de redoublants, 2ᵉ année

TABLEAU **4** Données sur le pourcentage de redoublants, 3ᵉ année

TABLEAU **5** Données sur le pourcentage de redoublants, 4ᵉ année

TABLEAU **6** Données sur le pourcentage de redoublants, 5ᵉ année

TABLEAU **7** Données sur le pourcentage de redoublants, 6ᵉ année

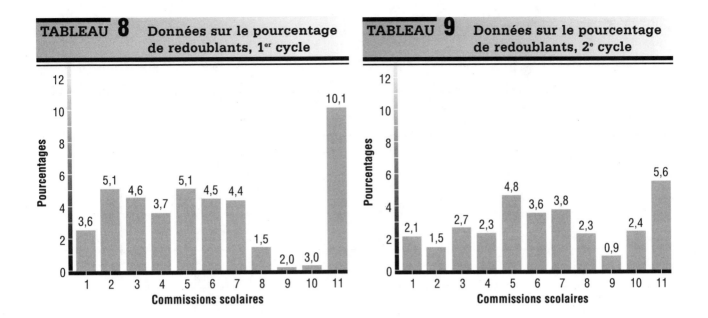

TABLEAU 8 Données sur le pourcentage de redoublants, 1er cycle

TABLEAU 9 Données sur le pourcentage de redoublants, 2e cycle

TABLEAU 10 Pourcentages les plus bas et les plus élevés de redoublants, et écart entre ces pourcentages, année scolaire 1986-1987

Classes	Pourcentage le plus bas	Pourcentage le plus haut	Écarts
1re	Commission scolaire 8 : 0,8	Commission scolaire 11 : 11,4	10,6
2e	Commission scolaire 8 : 1,7	Commission scolaire 11 : 7,6	5,9
3e	Commission scolaire 9 : 0,3	Commission scolaire 11 : 11,2	10,9
4e	Commission scolaire 9 : 1,1	Commission scolaire 11 : 5,7	4,6
5e	Commission scolaire 9 : 1,1	Commission scolaire 11 : 8,0	6,9
6e	Commission scolaire 9 : 0,3	Commission scolaire 5 : 4,3	4,0
Total 1er cycle	Commission scolaire 8 : 1,5	Commission scolaire 11 : 10,1	8,6
Total 2e cycle	Commission scolaire 9 : 0,9	Commission scolaire 11 : 5,6	4,7

Classes	Commission scolaire 9 Nombre de redoublants sur le nombre total d'élèves	Pourcentage	Commission scolaire 11 Nombre de redoublants sur le nombre total d'élèves	Pourcentage
1ʳᵉ	6/395	1,5	25/219	11,4
2ᵉ	0/384	0,0	10/225	4,4
3ᵉ	1/353	0,3	8/210	3,8
4ᵉ	0/361	0,0	15/229	6,6
5ᵉ	0/355	0,0	12/197	6,1
6ᵉ	0/355	0,0	16/184	8,7
1ᵉʳ cycle	7/1132	0,6	43/654	6,6
2ᵉ cycle	0/1169	0,0	43/610	7,0

Est-ce que les élèves de la commission scolaire 9 obtiennent des résultats comparables à ceux de la commission scolaire 11 ? Les résultats scolaires des redoublants sont-ils comparables à ceux des élèves promus ? Dans quelle classe est-il préférable d'utiliser la mesure du redoublement ?

Étant donné que la commission scolaire numéro 11, à la fin du premier cycle du primaire, cumule un pourcentage de redoublants beaucoup plus élevé que celui de la commission scolaire numéro 9 (ce pourcentage cumulatif est presque de 20 % pour l'une alors qu'il est à peine de 2 % pour l'autre), on peut donc formuler l'hypothèse que les élèves de la commission scolaire numéro 11 devraient maîtriser davantage les objectifs des programmes à la fin du premier cycle et obtenir à des examens sommatifs des résultats plus élevés que ceux des élèves de la commission scolaire numéro 9.

Grâce à la précieuse collaboration de trois conseillers pédagogiques et des enseignantes des classes de troisième année des commissions scolaires 9 et 11, une recherche a été effectuée afin de vérifier cette hypothèse. Les résultats obtenus à des tests sommatifs en lecture, en écriture et en mathématiques ont été comparés. Ces tests provenaient du MEQ et de la Banque d'instruments de mesure (BIM-GRICS).

Les écoliers de troisième année de chaque commission scolaire ont passé les mêmes tests en mai et juin 1988. L'étude incluait dans son échantillon 15 élèves de la commission scolaire 9 qui avaient déjà fait une troisième année et qui n'avaient pas été promus en classe de quatrième année à cause d'un retard pédagogique trop grand ; ces élèves jouissaient d'une mesure d'appui. Elle incluait également tous les redoublants de la commission scolaire numéro 11.

Le responsable du projet avait préalablement expliqué les conditions de passation des tests et les modalités de correction aux enseignantes, conditions et modalités identiques dans les deux commissions scolaires. À la suite d'une rencontre entre les conseillers pédagogiques des deux commissions scolaires, des seuils de réussite avaient été déterminés et les mêmes modalités d'évaluation, d'analyse et d'interprétation ont été utilisées. Les tableaux 12, 13 et 14 (page 148) présentent les résultats aux tests en lecture, en écriture et en mathématiques des élèves de troisième année de classes ordinaires, des élèves en classe mesure d'appui à la fin du premier cycle et des redoublants.

TABLEAU 12 Résultats quant aux six critères d'évaluation du test d'écriture

	Commission scolaire 9 Pourcentage de réussite		Commission scolaire 11 Pourcentage de réussite	
Critères du test d'écriture	3e (376)	M.A.* (15)	3e (195)	Redoublants (20)
Choix des informations	76,7	46,7	82,1	80
Choix du vocabulaire	75,7	86,7	86,2	85
Majuscules	89,8	93,3	97,4	90
Structure des phrases	73,9	93,3	83,1	85
Orthographe	67,4	33,3	66,2	40
Calligraphie	96,9	93,3	91,3	90
Moyenne totale	80,1	74,4	84,4	78,3

* M.A. : classe offrant une mesure d'appui à la fin du premier cycle.

TABLEAU 13 Résultats aux tests de lecture

	Commission scolaire 9 Pourcentage de réussite		Commission scolaire 11 Pourcentage de réussite	
Lecture	3e (376)	M.A.* (15)	3e (195)	Redoublants (20)
	63,1	46,6	63	55

* M.A. : classe offrant une mesure d'appui à la fin du premier cycle.

Les écarts entre les élèves de classes ordinaires des deux commissions scolaires sont très peu marqués. En écriture, l'écart est de 4,3 (tableau 12), et en lecture (tableau 13) il est de 0,1. L'écart entre les redoublants et les élèves de la classe M.A. se situe à 3,9 en écriture et à 8,4 en lecture. Par rapport aux redoublants, les élèves de la classe M.A. ont, de façon générale, moins bien réussi leurs tests d'écriture et de lecture.

Pour ce qui est des évaluations faites en mathématiques, les données de la commission scolaire 11 ne sont malheureusement pas disponibles. Dans le tableau 14, seuls les résultats des élèves de la commission scolaire 9 sont indiqués. Ces résultats permettent quand même de comparer le rendement des écoliers de la classe M.A. à celui des élèves des classes ordinaires de troisième année.

TABLEAU 14 Résultats aux tests de mathématiques (commission scolaire 9)

	Commission scolaire 9 Pourcentage de réussite 3ᵉ (384)	Commission scolaire 11 Pourcentage de réussite M.A.* (15)
Nombres naturels	83,3	73,3
Géométrie	91,4	93,3
Mesure	59,4	60
Logique	89,3	100
Moyenne totale	81	81,7

* M.A. : classe offrant une mesure d'appui à la fin du premier cycle.

Comparativement aux élèves de troisième année, ceux de la classe M.A. obtiennent une moyenne supérieure de 0,7 à l'ensemble des tests de mathématiques. Au moins deux explications peuvent justifier ces résultats : ou les activités de rattrapage en mathématiques profitent davantage aux élèves que les activités du même type en français, ou le retard pédagogique en mathématiques, au moment du classement en M.A., est moins élevé qu'en français.

L'analyse de ces résultats suscite quelques commentaires. La comparaison des pourcentages globaux d'élèves en situation de réussite dans les deux commissions scolaires semble assez révélatrice. Même si, à la commission scolaire numéro 11, un pourcentage élevé d'élèves redoublent comparativement à la commission scolaire numéro 9, les résultats aux tests n'indiquent pas une différence marquée entre les élèves. La mesure du redoublement, utilisée pour presque 30 % des élèves à la commission scolaire numéro 11, ne permet pas pour autant aux redoublants d'obtenir des résultats supérieurs à ceux de la commission scolaire numéro 9.

De ces résultats, quelques orientations peuvent être dégagées. La reprise de la première année serait à éviter. Un élève ne devrait pas reprendre une première année même si ses difficultés sont en écriture et en mathématiques et s'il accuse un retard majeur en lecture. La deuxième et la troisième année seraient plus indiquées pour une reprise d'année lorsque l'élève présente des retards importants en écriture et en mathématiques et si ces retards sont également accompagnés de difficultés en lecture. Cependant, cette mesure devrait toujours être accompagnée de services particuliers et elle devrait respecter les conditions suivantes :

- programme adapté aux besoins de l'élève ;
- accord de l'élève (motivation) ;
- accord des parents.

Des données recueillies au cours de diverses expériences et dans l'ensemble des études consultées, quelques stratégies *gagnantes* peuvent être retenues. Elles sont présentées dans le chapitre 2 du présent ouvrage. Elle complètent les trois conditions citées au paragraphe précédent.

BIBLIOGRAPHIE

ABIDIN, R., Jr., W. M. GOLLADAY et A.L. HOWERTON (1971). «Elementary School Retention : An Unjustifiable, Discriminatory and Noxius Educational Policy», *Journal of School Psychology*, hiver 1971, p. 410-417.

AFINSON, R.O. (1941). «School Progress and Pupil Adjustment», *Elementary School Journal*, n° 40, p. 504-514.

ALLAL, L. (1988). *Textes de base en pédagogie : Assurer la réussite des apprentissages scolaires? La maîtrise : communication réussie, vers un élargissement de la pédagogie de la maîtrise*, Paris, Delachaux et Niestlé, p. 86-127.

ARMAND, F., et S. SABOURIN (1995*). Examen diagnostique de la lecture : Niveau intermédiaire (fin cinquième année). Guide de l'examinateur, cahier de consignation et cahier de l'élève*, Longueuil, Commission scolaire Jacques-Cartier, 97 p.

ARTHUR, G. (1936). «A Study of the Achievement of 60 Grade 1 Repeaters as Compared with that of Non-Repeaters of the Same Mental Age», *Journal of Experimental Education*, 5 décembre 1936, p. 203-205

ASTOLFI, J. P. (1992). *L'école pour apprendre,* Paris, ESF éditeur.

AYOTTE, F. (1992). «Éviter de faire doubler les élèves au primaire : le choix de la Commission scolaire Baie-des-Ha! Ha!», *Vie pédagogique*, septembre-octobre 1992, n° 80, p. 22-23.

BATES, L. (1981). «Retention in Grade Can Be a Step Forward», *Education Digest*, vol. 46, n° 7, mars 1981, p. 36-37.

BERGERON, A., J. LEBLANC et P. ROCHELEAU (1998). «Le plan de rééducation individualisé», *La Revue de l'ADOQ,* vol. 10, n° 1, hiver 1998, p. 20.

BLAIN, F., et autres (1999). *Projet de A à Z on s'aide...,* Longueuil, Commission scolaire Marie-Victorin.

BLOOM, B. S. (1979). *Caractéristiques individuelles et apprentissages scolaires,* Paris, Fernand Nathan, 270 p.

– (1984). «The 2 Sigma Problem : The Search for Methods of Group Instruction as Effective as One-to-one Tutoring», *Educational Research,* vol.13, n° 6, p. 4-16.

BOBASH, M. (1995). «Le redoublement : maladie honteuse ou seconde chance», *Le monde de l'éducation,* juin 1995.

BOCKS, W. M. (1977). «Non-Promotion : A Year to Grow?», *Educational Leadership,* vol. 34, n° 5, février 1977, p. 379-383.

BOSSING, L., et P. BRIEN (1980). *A Review of the Elementary School Promotion/Retention Dilemma,* Eric Document Reproduction Service, ED 212 362.

BRAIS, Y. (1991). *Retard scolaire au primaire et risque d'abandon scolaire,* Québec, Ministère de l'Éducation du Québec, Direction de la recherche, 55 p.

– (1994a). *Le classement des élèves à l'école primaire : Un aperçu de la situation dans le milieu d'enseignement,* Québec, Ministère de l'Éducation du Québec, Direction de la recherche, 54 p.

– (1994b). *L'état réel du redoublement à l'école primaire dans le réseau public, de 1980 à 1993 : Document de travail*, Québec, Ministère de l'Éducation du Québec, Direction de la recherche, 29 p.

BRAIS, Y., M. GIROUX, D. SIMARD, J. TREMBLAY et C. PAGÉ (1996). *Le redoublement : État de la situation*, Jonquière, Ministère de l'Éducation du Québec, Direction générale du Saguenay-Lac-Saint-Jean, 29 p.

BUCKINGHAM, B. R. (1926). *Research for Teachers*, New York, Sylver Burdett and Company.

CARDINET, J. (1988). *Textes de base en pédagogie : Assurer la réussite des apprentissages scolaires ? La maîtrise, communication réussie*, Paris, Delachaux et Niestlé, p. 155-198.

CHAFE, D. (1984). «Grade Retention : Research, Policies and Decision-Making», *Geographic Source* (Californie), n° 26, mai 1984.

CHANSKY, N. M. (1964). «Progress of Promoted and Repeating Grade 1 Failures», Journal of Experimental Education, n° 32, p. 225-237.

CHASE, J. A. (1968). «A Study of the Impact of Grade Retention on Primary School Children», *Journal of Psychology,* n° 1968, p. 169-177.

COELHO, E. (1988). *Apprentissage coopératif et réussite scolaire*, Toronto, Écoles du North York, mars 1988.

COFFIELD, GOODLAD, JOHN et COOK (1954). « Theory Regarding Promotion and Non-Promotion», *Elementary School Journal,* novembre 1952.

CONSEIL SUPÉRIEUR DE L'ÉDUCATION (1994). *Être parent d'élève du primaire : une tâche irremplaçable. Avis au ministre de l'Éducation*, Québec, 88 p.

COOK, W. W. (1941). « Some Effects of the maintenace of High Standards of Promotion, *Elementary School Journal,* novembre 1941, p. 430-437.

CÔTÉ, A. (1996). *La pratique du redoublement*, Jonquière, conférence prononcée le 17 mai 1996 à la rencontre nationale sur la pratique du redoublement.

CÔTÉ, A., et J. BÉLANGER (1986). *Individu, groupe et organisation*, Boucherville, Gaëtan Morin Éditeur, 440 p.

CÔTÉ, R., C. DUFOUR, W. PILON et M. TREMBLAY (1987). *Guide d'élaboration des plans de services et d'intervention*, Sainte-Foy, Groupe de recherche et d'étude en déficience du développement inc. (G.R.E.D.D.), Université Laval, 254 p.

CÔTÉ, S., et J. LEBLANC (1999). *Lilitou. Matériel pédagogique à l'intention des élèves de première et deuxième année éprouvant des difficultés en lecture*, Longueuil, Commission scolaire Marie-Victorin (guide et 4 cahiers).

– *Recueil d'activités mathématiques. Matériel pédagogique à l'intention des élèves de première et deuxième année éprouvant des difficultés en mathématique*, Longueuil, Commission scolaire Marie-Victorin (guide et 3 cahiers).

DEVELAY, M. (1996). *Donner du sens à l'école*, Paris, ESF éditeur.

DOBBS, V., et D. NEVILLE (1967). «The Effects of Non-Promotion on the Achievement of Groups Matched from Retained First Graders and Promoted Second Graders», *The Journal of Educational Research,* juillet-août 1967, p. 472-475.

DOSS, D. (1983). *Holding Power of Ninth-Grade Courses : Paper prepared for the Office of Research and Evaluation*, Austin (Texas), Independent School District.

ELLIGETT, J. K., et T. S. TOCCO (1983). « The Promotion/Retention Policy in Pinellas Country », *Phi Delta Kappan* (Floride), juin 1983, p. 733-735.

FARLEY, E. S., A. J. FREY et G. GARLAND (1933). « Factors Related to the Grade Progress of Pupils », *Elementary School Journal,* vol. 24, n° 3, p. 186-193.

FINE, M. J., et P. HOLT (1983). « Intervening with School Problems : A Family Systems Perspective », *Psychology in the Schools,* vol. 20, janvier 1983, p. 59-65.

FINLAYSON, H. J. (1977). *The Effects of Non-Promotion upon the Self-Concept of Pupils in Primary Grades,* Eric Document, ED 155 156, octobre 1977.

FORGET, J., R. OTIS et A. LEDUC (1988). *Psychologie de l'apprentissage : théories et applications,* Longueuil, Éditions Behaviora, 385 p.

GEORGE, C. (1993). *Beyond Retention : A Study of Retention Rates. Practices and Successful Alternatives in California,* Sacramento, California State Dept. of Education.

GIARD, B. (1996). *Règlement concernant l'évaluation pédagogique et le classement des élèves,* Sherbrooke, Commission scolaire catholique de Sherbrooke, Services éducatifs, 7 p.

GIRARD, D. (1996). *Le redoublement au primaire et au secondaire général,* Jonquière, conférence prononcée le 17 mai à la rencontre nationale sur la pratique du redoublement.

GODFREY, E. (1972). « The Tragedy of Failure », *Education Digest,* vol. 37, n° 5, janvier 1972, p. 34-35.

GOODLAD, J. I. (1954). « Some Effects of Promotion and Non-Promotion upon the Social and Personal Adjustment of Children », *Journal of Experimental Education,* n° 22, p. 301-328.

GOUPIL, G. (1997). *Communications et relations entre l'école et la famille,* Montréal, Éditions Chenelière/McGraw-Hill, 145 p.

GOUVERNEMENT DU QUÉBEC (1990). *Régime pédagogique de l'éducation préscolaire et de l'enseignement primaire,* Québec, Ministère de l'Éducation du Québec, décret 73-90, Gazette officielle du Québec, n° 7569-574.

– (1991). *La réussite scolaire et la question de l'abandon des études,* Québec, Ministère de l'Éducation du Québec, Bibliothèque nationale du Québec, décembre 1991.

– (1992). *Chacun ses devoirs : Plan d'action sur la réussite éducative,* Québec, Ministère de l'Éducation du Québec, n° 55-1621, p. 19.

– (1996a). *Indicateurs de l'éducation,* édition 1995, Québec, Ministère de l'Éducation du Québec, n° 28-2682, 127 p.

– (1996b). *Le redoublement : État de situation,* Jonquière, Ministère de l'Éducation du Québec, Direction régionale du Saguenay-Lac-Saint-Jean.

– (1997). *L'école : tout un programme,* Québec, Ministère de l'Éducation du Québec, 29 p.

– (1998). *Loi 180 sur l'instruction publique,* Québec, Ministère de l'Éducation du Québec, article 96,14.

GRISAY, A. (1988). *Textes de base en pédagogie : Assurer la réussite des apprentissages scolaires ? La pédagogie de la maîtrise face aux rationalités,* Paris, Delachaux et Niestlé, p. 235-268.

– (1989). « Améliorer l'évaluation-bilan à l'école primaire », *Mesure et évaluation en éducation,* vol. 11, n° 4, hiver 1989, p. 5-25.

HADDAD, W. P. (1979). *Educational and Economic Effects of Promotion and Repetition Practices : Staff Working Paper n° 319, World Banen,* Washington (D.C.), Eric Document, ED195 003, mars 1979.

HAGEN, J. M. (1980). «I Kept 8 Students Back... and I'm Still Alive to Tell About it», *Teacher,* vol. 98, n° 1, août 1980, p. 47-49.

HENDERSON, N. B., B. GOF-FENEY, B. V. BUTLER et Q. D. CLARKSON (1971). «Differential Rates of School Promotion from First Grade for White and Negro, Male and Female and Years Old», *Psychology in the Schools,* vol. 8, n° 2, avril 1971, p. 101-109.

HUBERMAN, M. (1988). *Textes de base en pédagogie : Assurer la réussite des apprentissages scolaires? La pédagogie de la maîtrise : idées-force, analyse, bilans,* Paris, Niestlé, p. 12-45.

JULIEN, A. (1996). *Le redoublement au primaire : État des connaissances et recommandations pour en faire un meilleur usage,* Commission scolaire Chaudière-Etchemin, Direction régionale de Québec-Chaudière-Etchemin et Ministère de l'Éducation du Québec, septembre 1996, 78 p.

KERZNER, R. (1982). *The Effects of Retention on Achievement,* thèse (M.A.), Kean College of New Jersey, Eric Document, ED, 309.

KEYES, C. H. (1911). *Progress Through the Grades of City Schools,* New York, New York Bureau of Publications, Teachers College, Columbia University, p. 42.

KLENE, V., et E. P. BRANSOM (1929). «Trail Promotion Versus Failure», *Los Angeles Educational Review Bulletin,* vol. 7, n° 5, janvier 1929, p. 6-11.

KOONS, C. L. (1977). « Non-promotion : A Dead-End-Road», *Phil Delta Kappan* (Floride), mai 1977, p. 701-702.

KOWITZ, G. T., et C. M. ARMSTRONG (1961). «The Effect of Promotion Policy on Academic Achievement», *Elementary School Journal,* mai 1961 (document inédit), p. 435-443.

LANGEVIN, L. (1992). *Abandon scolaire : dépistage et prévention. On ne naît pas décrocheur!,* Montréal, Éditions Logiques, 379 p.

LEBLANC, J. (1989). *Résultats d'un sondage effectué sur la perception des pairs par rapport aux élèves redoublants* (texte inédit).

– (1991). *Développement d'un plan d'action préventif du redoublement chez les élèves d'école primaire ayant des difficultés d'apprentissage scolaire,* thèse (Ph.D.), Université de Montréal, 315 p.

– (1998). «Le plan de rééducation individualisé (PRI) gage de réussite, mais il faut y mettre le prix...», *La Revue de l'ADOQ,* vol. 10, n° 2, été 1998, p. 8-10.

LEBLANC, J., et G. DUCLOS (1990). «Quitte ou double ou que penser du redoublement d'une année scolaire», *Du côté des enfants,* vol. 1, Publications Sainte-Justine et Revue Enfants.

LEPARD, D. H. (1986). «The Essential Ingredients of a Plan», *NASSP Bulletin,* vol. 70, n° 486, janvier 1986, p. 6-9.

LIEBERMAN, M. (1980). «A Decision-Making Model for In-Grade Retention Non-Promotion», *Journal of Learning Disabilities,* vol. 13, n° 5, mai 1980.

LINDVING, E. K. (1983). «Grade Retention :Evolving Expectations and

Individual Differences», *The Clearing House,* février 1983, p. 253-256.

MARTIN, L., et autres (1988). «L'institution du redoublement, une description du phénomène», *Cahiers pédagogiques,* n° 5, mai-juin 1988, p. 264-265.

McAFEE, J. K. (1981). *Toward a Theory of Work ?,* Los Angeles, article présenté au Meeting of the American Educational Research Association.

McKINNEY, B. T. (1928). *Promotion of Pupils. A Problem of Education Administration,* thèse doctorale non publiée, University of Illinois.

MEIRIEU, P. (1987). *Apprendre... oui, mais comment ?,* Paris, ESF éditeur.

— (1998). *Conférence prononcée au congrès de l'AQETA en mars 1998,* Montréal (texte inédit).

MEUNIER, H. (1996). Le redoublement à Jean-Dolbeau, un cas d'exception, Jonquière, document présenté à la rencontre nationale sur la pratique du redoublement.

MORIN, A. (1985). «Critères de scientificité de la recherche-action», *Revue des Sciences de l'Éducation,* vol. XI, n° 1, p. 31-39.

MORRISON, I. E., et I. F. PERRY (1956). «Acceptance of Overage Children by Their Classmates», *School Journal,* vol. 56, janvier 1956, p. 217-220.

OTTO, H. J., et E. O. MELBY (1935). «Attempt to Evaluate the Threat of Failure a Factor in Achievement», *Elementary School Journal,* n° 25, p. 588-596.

OWEN, S. A., et D. L. RONICK (1977). «The Greensville Program : A Commonsense Approach to Basics», *Phi Delta Kappan* (Floride), mars 1977, p. 531-533.

PARADIS, L., et P. POTVIN (1993). «Le redoublement, un pensez-y-bien : une analyse des publications scientifiques», *Vie pédagogique,* n° 85, septembre-octobre 1993, p. 13-14, 43-46.

PAUL, J. J. (1996). *Le redoublement : pour ou contre ?,* Paris, ESF éditeur, 127 p. (Coll. Pratiques et enjeux pédagogiques)

PERRENOUD, P. (1988). *Textes de base en pédagogie : Assurer la réussite des apprentissages scolaires? La pédagogie de la maîtrise : une utopie rationaliste ?,* Paris, Delachaux et Niestlé, p. 198-235.

PÉRUSSE, P. (1989). *Notes de cours sur le séminaire de recherche aux études doctorales,* Montréal, Université de Montréal (texte inédit).

PLUMMER, D. L., et autres (1984). «The Academic and Social Consequences of Grade Retention : A Convergent Analysis», *The Clearing House in Elementary and Early Childhook Education,* Urbana, p. 52.

POULIOT, L. (1994). *Mythes au sujet du redoublement scolaire,* Jonquière, texte remis lors de la journée nationale sur le redoublement, 15 p.

RAYMOND, N., R. CHAMPOUX et J. LEBLANC (1988). *Relevé statistique sur les redoublants au primaire dans onze commissions scolaires de la Montérégie et analyse comparative des résultats des élèves de 3e année par rapport aux élèves redoublants ou ayant reçu une mesure d'appui dans les commissions scolaires 9 et 11,* Montérégie (texte inédit).

REITER, R. G. (1973). *The Promotion/Retention Dilemma : What Research Tells Us,* Philadelphie, Philadelphia Office of Research and Evaluation, 7416, p. 1-23.

RIEBEN, L. (1988). *Textes de base en pédagogie : Assurer la réussite des* apprentissages scolaires ? Un point de vue constructiviste sur la pédagogie de la maîtrise, Paris, Delachaux et Niestlé, p. 127-155.

RISTIC, B., et D. BRASSARD (1990). Le redoublement dans les commissions scolaires du Québec : le coût pour l'année 1989-1990 et l'incidence sur le retard scolaire, Québec, Ministère de l'Éducation du Québec, Direction générale de la recherche et du développement et Direction des études économiques et démographiques.

ROBITAILLE-GAGNON, N., et R. JULIEN (1994). Les pratiques du redoublement à l'école primaire, Québec, Ministère de l'Éducation du Québec, Gouvernement du Québec, 60 p.

ROSE, J. S., F. J. MEDWAY, V. L. CANTRELL et S. H. MARUS (1983). «A Fresh Look at the Retention-Promotion Controversy», Journal of School Psychology, automne 1983, p. 201-211.

SANDIN, A. (1944). Social and Emotional Adjustments of Regularly Promoted and Non-Promoted Pupils, New York, Teachers College, Columbia University.

SANDOVAL, J., et G. P. HUGUES (1981). Success in Non-Promoted First Grade Children, Davis, University of California, Department of Education.

SCALLON, G. (1988). L'évaluation formative des apprentissages, Sainte-Foy, Presses de l'Université Laval, tome 1, p. 171.

SCHUYLER, N. B., et G. LIGON (1984). Do We Fail Those We Fail?, rapport n° AISD-DRE-83.21, avril 1984, p. 15.

SCHUYLER, N. B., et K. M. MATTER (1983). To Retain or Not to Retain : Should Achievement Be Your Guide?, Montréal, article présenté au Meeting of the American Educational Research Association.

SCOTT, B. A., et L. B. AMES (1969). «Improved Academic, Personal and Social Adjustment in Selected Primary School Repeaters », Elementary School Journal, mai 1969, p. 431-438.

SHEAPARD, L. A., et M. L. SMITH, dir. (1989). Flunking Grades : Research and Policies on Retention, Londres, Falmer Press, p. 1-15.

SLAVIN, R. E. (1983). Cooperative Learning, New York, Longman.

SWANSON, L. H. (1989). « Strategy Instruction : Overview of Principals and Procedures for Effective Use», Learning Disabilities Quarterly, vol. 12, hiver 1989, p. 3-13.

STENNET, R. G., et L. M. EARL (1982). Early Identification System Three Year Follow-up of the Grade 1 of 1978-1979, London (Ontario), Board of Education for the City of London, Research Report n° 82-04.

TARDIF, J. (1992). Pour un enseignement stratégique : L'apport de la psychologie cognitive, Montréal, Éditions Logiques, 474 p.

– (1998). Intégrer les nouvelles technologies de l'information. Quel cadre pédagogique ?, Paris, ESF éditeur, 127 p.

TOWNER, D. R. (1988). A Review of Research Literature on the Effects of Pupil Retention, South Bend, Indiana University at South Bend, juillet 1988.

VIAU, R. (1994). La motivation en contexte scolaire, Saint-Laurent, Éditions du Renouveau pédagogique, 221 p.

ZAED, R., L. DIONNE et Y. BOURQUE (1990). « Recommencer une année au primaire... Est-ce un échec ou un succès ?», Information, vol. 29, n° 3, février 1990, p. 5-10.